Dr. Oetker

Kalte Platten

Dr. Oetker

Kalte Platten

Vorwort

Kalte Platten bieten die ideale Möglichkeit, Ihre Familie und Gäste zu großen und kleinen Anlässen ohne großen Stress und Hektik zu bewirten. Ihr größter Vorteil ist natürlich, das sie sich gut vorbereiten lassen.

Aber auch bei der Zusammenstellung der dekorativ garnierten Köstlichkeiten sind Ihrer Phantasie und Kreativität kaum Grenzen gesetzt.

Eine Wurst- oder Käseplatte findet unter Ihren Gästen sicher genauso ihre Anhänger wie eine italienische Platte, eine Fleischwursttalerplatte, eine Gemüseplatte mit Dips oder verschiedene Sandwich- und Ciabatta-Platten.

Insgesamt finden Sie in diesem Buch über 30 verschiedene kalte Platten und über 80 Rezepte. Ganz gleich, wie unterschiedlich die Geschmäcker Ihrer Gäste auch sein sollten, mit diesen Rezepten werden Sie alle begeistern.

Abkürzungen

EL = Esslöffel
TL = Teelöffel
Msp. = Messerspitze
Pck. = Packung/Päckchen
g = Gramm
kg = Kilogramm
ml = Milliliter
l = Liter
Min. = Minuten
Std. = Stunden
evtl. = eventuell
geh. = gehäuft
gestr. = gestrichen
TK = Tiefkühlprodukt
°C = Grad Celsius
Ø = Durchmesser

Hinweise zu den Rezepte

Lesen Sie bitte vor der Zubereitung – besser noch vor dem Einkaufen – das Rezept einmal vollständig durch. Oft werden Arbeitsabläufe oder -zusammenhänge dann klarer.

Portionsangaben

Die Platten sind – wenn nicht anders angegeben – für 8–10 Personen berechnet. Werden nur Teile einer Platte gemacht oder aus verschiedenen Platten eine eigene Auswahl zusammengestellt, helfen Ihnen die Stückzahl- oder Portionsangaben bei den einzelnen Rezepten zu ermitteln, wie viel gebraucht wird.

Belegte Brötchen

Zubereitungszeit: 45 Minuten

etwa 25 kleine Partybrötchen
etwa 150 g Butter
100 g Salami
100 g Kasselerbraten
100 g Schweinebraten
100 g Putenbrustaufschnitt
100 g Rot- oder Zungenwurst
150 g Thüringer Mett
Salz, Pfeffer
100 g geräucherte Lachsscheiben
150 g Doppelrahm-Frischkäse
1 hart gekochtes Ei
1 rote Zwiebel
1 Gewürzgurke
Maiskölbchen
einige Walnusskernhälften
einige blaue Weintrauben
einige Schnittlauch-,
Petersilien- und Dillstängel
einige Salatblätter

1 Partybrötchen waagerecht durchschneiden und mit Butter bestreichen, etwa 30 Brötchenhälften dekorativ mit den Wurstsorten belegen. 5 Brötchenhälften mit Frischkäse bestreichen. Thüringer Mett eventuell mit Salz und Pfeffer nachwürzen und 10 Brötchenhälften damit bestreichen. 5 Brötchenhälften mit den Lachsscheiben belegen.

2 Gekochtes Ei pellen und in Scheiben schneiden, Zwiebel abziehen und in Halbringe schneiden, Gewürzgurke fächerförmig einschneiden. Die Weintrauben waschen, trockentupfen und halbieren. Schnittlauch-, Petersilien-Dillstängel und Salatblätter abspülen und trockentupfen.

3 Die belegten Brötchenhälften dekorativ mit den Eierscheiben, Zwiebelhalbringen, Maiskölbchen, Walnusskern- und Weintraubenhälften, dem Gewürzgurkenfächer, Schnittlauch-, Petersilien- und Dillstängeln sowie den Salatblättern garnieren.

Hackbällchenplatte

Asiatische Hackbällchen
(30 Stück)

Zubereitungszeit: 40 Minuten, ohne Abkühlzeit

1 Zwiebel
25 g frischer Ingwer
400 g Rindergehacktes
2 EL Sojasauce
Salz
frisch gemahlener Pfeffer
etwas gemahlener Zimt
1 TL Cumin (Kreuzkümmel)
4–5 EL Speiseöl
Karambole, Melisse

1 Zwiebel abziehen und fein würfeln. Ingwer schälen, abspülen, trockentupfen und fein hacken. Zwiebelwürfel und Ingwerstückchen mit Rindergehacktes, Sojasauce, Salz, Pfeffer, Zimt und Cumin verkneten.

2 Aus der Fleischmasse kleine Bällchen formen. Fett in einer Pfanne erhitzen, die Hackbällchen in etwa 8 Minuten von allen Seiten goldbraun braten und auf Küchenpapier abtropfen lassen.

3 Karambole abspülen, abtrocknen und in dünne Scheiben schneiden. Melisse abspülen und trockentupfen. Die Hackbällchen auf einer großen Platte anrichten. Mit Karambolescheiben und Melisseblättchen garnieren.

Cevapcici
(32 Stück)

Zubereitungszeit: 40 Minuten, ohne Abkühlzeit

800 g Gehacktes (halb Rind-, halb Schweinefleisch)
2 Eier
Salz, frisch gemahlener Pfeffer
Paprikapulver edelsüß
125 ml (⅛ l) Speiseöl
3 mittelgroße Zwiebeln
1 rote Paprikaschote
1 grüne Paprikaschote

1 Gehacktes mit den Eiern vermengen. Mit Salz, Pfeffer und Paprika würzen. Aus der Masse etwa 32 fingerdicke Rollen formen.

2 Speiseöl in einer Pfanne erhitzen, Fleischröllchen von allen Seiten 5–7 Minuten darin braten, herausnehmen, auf Küchenpapier abtropfen und erkalten lassen.

3 Zwiebeln abziehen und in Ringe schneiden. Paprikaschoten halbieren, entstielen, entkernen, die weißen Scheidewände entfernen. Schoten waschen, trockentupfen und in Stücke schneiden.

4 In jedes Fleischröllchen ein kleines Holzstäbchen mit einem Paprikastück stecken, die Zwiebelringe auf die Holzstäbchen hängen und mit Paprika bestäuben. Cevapcici ebenfalls auf der Platte anrichten.

(Fortsetzung Seite 10)

Hackbällchenplatte

(Fortsetzung – Foto Seite 9)

Hackbällchen mit Roquefortfüllung
(32 Stück)

Zubereitungszeit: 45 Minuten, ohne Abkühlzeit

2 Knoblauchzehen
2 Birnen (je etwa 150 g)
600 g Rindergehacktes
40 g Semmelbrösel, 2 Eier
4 EL Tomatenketchup
4 EL gehackte Petersilie
Salz, frisch gemahlener Pfeffer
150 g Roquefort-Käse
80 g Semmelbrösel

einige Birnenspalten
Ausbackfett

1 Knoblauch abziehen und fein würfeln. Birnen schälen, halbieren und entkernen. Birnenhälften in feine Würfel schneiden.

2 Rindergehacktes mit Knoblauch, Birnenwürfeln, Semmelbröseln, Eiern, Tomatenketchup und Petersilie gut vermengen, mit Salz und Pfeffer abschmecken.

3 Käse in 32 kleine Stücke schneiden. Aus dem Fleischteig 32 walnussgroße Bällchen formen, in die Mitte jedes Bällchens eine Vertiefung drücken. Ein Stück Käse hineingeben und mit der Fleischmasse umhüllen. Bällchen in Semmelbröseln wälzen.

4 Die Bällchen portionsweise schwimmend in siedendem Ausbackfett jeweils etwa 5 Minuten ausbacken, auf Küchenpapier abtropfen lassen. Bällchen mit Birnenspalten auf die Platte legen.

Tipp: *Nach Belieben mit Cocktailsauce (Fertigprodukt) servieren. Die Hackbällchen können auch in der Pfanne in 3–4 Esslöffeln Speiseöl gebraten werden.*

Italienische Hackbällchen
(32 Stück)

Zubereitungszeit: 40 Minuten, ohne Abkühlzeit

1 Zwiebel
600 g Gehacktes (halb Rind-, halb Schweinefleisch)
Salz, frisch gemahlener Pfeffer
2 Eier, 4 EL Semmelbrösel
250 g Mozzarella-Käse
4 EL Speiseöl
einige Basilikumblätter

1 Zwiebel abziehen und in Würfel schneiden. Gehacktes mit Zwiebelwürfeln, Salz, Pfeffer, Eiern und Semmelbröseln gut vermengen.

2 Mozzarella-Käse in 32 Würfel schneiden. Die Hackfleischmasse zu 32 Bällchen formen, in die Mitte jedes Bällchens eine Vertiefung drücken, ein Stück Käse hineingeben und mit der Fleischmasse umhüllen.

3 Speiseöl in einer Pfanne erhitzen, Bällchen von allen Seiten darin anbraten und bei schwacher Hitze fertig braten. Mit Basilikumblättchen garniert auf der Platte anrichten.

Geflügelplatte
(Foto Seite 13)

Gefüllte Hähnchenbrustfilets
(etwa 12 Scheiben)

Zubereitungszeit: 45 Minuten, ohne Abkühlzeit

4 Hähnchenbrustfilets (je 125 g)

Für die Füllung:
8 Salbeiblätter
8 in Öl eingelegte Tomaten
je 20 grüne und schwarze Oliven
2 EL Pesto (aus dem Glas)
4 EL abgezogene, gemahlene Mandeln

4 EL Olivenöl

250 ml (1/4 l) Schlagsahne
Zitronensaft
1 EL Tomatenmark
Salz
frisch gemahlener Pfeffer

Außerdem:
Küchengarn

1 Hähnchenbrustfilets unter fließendem kalten Wasser abspülen, trockentupfen und waagerecht so einschneiden, dass ein Rand stehen bleibt. Filets auseinander klappen.

2 Für die Füllung Salbeiblätter abspülen, trockentupfen und fein hacken. Tomaten in kleine Würfel schneiden. Oliven entsteinen und klein schneiden.

3 Die vorbereiteten Zutaten mit Pesto und Mandeln vermischen. Die Hähnchenbrustfilets damit bestreichen und von der schmalen Seite her aufrollen. Mit Küchengarn zusammenbinden.

4 Olivenöl in einer Pfanne erhitzen, die Fleischrollen von allen Seiten darin anbraten und zugedeckt etwa 15 Minuten schmoren lassen. Fleischrollen herausnehmen und erkalten lassen. Küchengarn entfernen.

5 Die Fleischrollen in dünne Scheiben schneiden und dachziegelartig auf eine Platte legen.

6 Sahne steif schlagen, mit Zitronensaft, Tomatenmark, Salz und Pfeffer abschmecken und zu den Fleischscheiben reichen.

Tipp: *Statt Hähnchenbrustfilet kann auch Putenbrustfilet verwendet werden. Nach Belieben die Hähnchenbrustfiletscheiben mit Oliven und Petersilie garnieren. Die Filets sind gut vorzubereiten.*

(Fortsetzung Seite 12)

Geflügelplatte
(Fortsetzung)

Geflügelröllchen mit Obst
(16 Stück)

Zubereitungszeit: 25 Minuten

400 g frische Aprikosen
300 g Erdbeeren
200 g Mascarpone
(italienischer Frischkäse)
2 EL Zitronensaft
2 TL Balsamico-Essig, Salz
frisch gemahlener Pfeffer
16 Scheiben (etwa 400 g)
Hähnchenbrustaufschnitt

1 Für die Geflügelröllchen Aprikosen waschen, trockentupfen, halbieren und entsteinen. Erdbeeren waschen, gut abtropfen lassen und entstielen. Aprikosenhälften und Erdbeeren in kleine Würfel schneiden.

2 Mascarpone mit Zitronensaft und Essig verrühren. Obstwürfel unterheben, mit Salz und Pfeffer abschmecken.

3 Die Obst-Frischkäse-Masse auf den Hähnchenbrustscheiben verteilen und die Scheiben aufrollen.

Tipp: *Binden Sie die Geflügelröllchen mit blanchiertem, in Streifen geschnittenem Porree zusammen. Anstelle von frischen Aprikosen können auch gut abgetropfte Dosenfrüchte (Aprikosen oder Pfirsiche) verwendet werden.*

Geflügelsalat-Häppchen
(16 Stück)

Zubereitungszeit: 40 Minuten

125 g geräucherter Putenbrustaufschnitt
100 g Honigmelone (ohne Schale)
50 g Chicoréeblätter
3–4 entsteinte Datteln, 1 geh. EL Rosinen

Für die Salatsauce:
1 EL Crème fraîche, 1–2 EL Zitronensaft
1 TL Currypulver, 1 Msp. gemahlener Zimt
Salz, frisch gemahlener Pfeffer
1 Msp. Zucker, 1 EL gehackte Minze
16 Croustades (kleine pikante Knetteigtörtchen) oder herzhafte Mini-Tortelettes

1 Für die Geflügelsalat-Häppchen Putenaufschnitt in feine Streifen schneiden. Melone in Stücke schneiden. Chicoréeblätter putzen, waschen, trockentupfen, Spitzen abschneiden und beiseite legen. Restliche Chicoréeblätter in Streifen schneiden. Datteln und Rosinen in kleine Würfel schneiden.

2 Für die Sauce Crème fraîche mit Zitronensaft, Curry, Zimt, Salz, Pfeffer und Zucker verrühren.

3 Putenfleischstreifen, Melonenstücke, Chicoréestreifen, Dattel- und Rosinenwürfel mit der Sauce vermischen, nochmals mit den Gewürzen abschmecken. Minze unterrühren.

4 Die Croustades oder Mini-Tortelettes mit den beiseite gelegten Chicoréespitzen auslegen. Geflügelsalat darauf verteilen.

Salami-Platte

Zubereitungszeit: 40 Minuten

2 Steinbeißer (dünne Mettwürstchen)
1 Zwiebelmettwurst (etwa 200 g)
je ½ vorbereitete grüne, rote und gelbe Paprikaschote
100 g kalte Butter
etwa 80 g feine Salami
etwa 80 g grobe Salami
etwa 80 g Pizzasalami
etwa 80 g Pfeffersalami
etwa 80 g Schinkensalami
etwa 80 g Sommerwurst
etwa 80 g Cervelatwurst
1 vorbereitetes Salatblatt

1 Steinbeißer in größere und Zwiebelmettwurst in kleinere Stücke schneiden. Paprikahälften in kleine Würfel schneiden.

2 Von der kalten Butter mit einem nassen kalten Messer einige dünne Scheiben abschneiden, dann blütenblätterartig leicht rollen und zu einer Rose zusammensetzen.

3 Die verschiedenen Wurstscheiben dachziegelartig auf eine große Platte legen. Zwiebelmettwurststücke auf einem Salatblatt anrichten und zusammen mit den Steinbeißerstücken auf die Platte legen. Mit Paprikawürfeln garnieren und die Butterrose dekorativ darauf setzen.

Wurstplatte

Zubereitungszeit: 25 Minuten

einige Frisée-Salatblätter
125 g gekochter Schinkenaufschnitt
125 g Roastbeefaufschnitt
125 g Kasseleraufschnitt
125 g Bierschinkenaufschnitt
125 g Schinkensülze mit Frischkäse
125 g geräucherter Gänsebrustaufschnitt

Zum Garnieren:
¼ Salatgurke
einige Gewürzgurken
einige Maiskölbchen
einige Zitronenmelisseblättchen

1 Salatblätter abspülen und trockentupfen. Den Rand einer großen Platte zur Hälfte damit belegen.

2 Die verschiedenen Wurstscheiben dachziegelartig oder aufgerollt auf die Platte legen.

3 Zum Garnieren Salatgurke waschen, abtrocknen und in dünne Scheiben schneiden. Gurkenscheiben, Gewürzgurken, Maiskölbchen und Zitronenmelisseblättchen dekorativ auf der Platte anrichten.

Räucherfischplatte

Makrelenfilets mit Zwiebelringen
(8 Stück)

Zubereitungszeit: 15 Minuten

8 geräucherte Makrelenfilets
3 rote Zwiebeln

1 Für die Makrelenfilets mit Zwiebelringen Makrelenfilets auf eine Platte legen. Zwiebeln abziehen und in Ringe schneiden, Zwiebelringe auf den Filets verteilen.

Schillerlocken auf Paprika-Schmand
(8 Stück)

Zubereitungszeit: 20 Minuten

2 längliche grüne Paprikaschoten
2 EL Schmand
2 TL Ajvar (jugoslawische Paprikapaste)
1 TL Zitronensaft
Salz, Pfeffer
etwa 150 g Schillerlocken

1 Für die Schillerlocken Paprika vierteln, entstielen, entkernen, die weißen Scheidewände entfernen. Schoten waschen, trockentupfen und waagerecht halbieren.

2 Schmand mit Ajvar und Zitronensaft verrühren, mit Salz und Pfeffer abschmecken. Paprikastücke mit der Schmandmasse füllen, mit den in Scheiben geschnittenen Schillerlocken belegen und auf einer Platte anrichten.

Tipp: *Nach Belieben mit Schnittlauchröllchen und grob zerstoßenem, buntem Pfeffer garnieren.*

Lachs mit Limettenscheiben
(4 Portionen)

Zubereitungszeit: 5 Minuten

200 g geräucherte Lachsscheiben
2 Limetten (unbehandelt)
einige Dillzweige

1 Für den Lachs mit Limettenscheiben Lachs locker auf der Fischplatte anordnen.

2 Limette gut waschen, abtrocknen und in dünne Scheiben schneiden. Dillzweige abspülen und trockentupfen. Den Lachs mit Limettenscheiben und Dillzweigen garnieren.

Kieler Sprotten
(12 Stück)

Zubereitungszeit: 15 Minuten

1 Stange Porree (Lauch)
20 Kieler Sprotten

1 Für die Kieler Sprotten Porree putzen, Stange längs halbieren, waschen, abtropfen lassen, in kochendem Wasser kurz blanchieren, in Eiswasser abschrecken, trockentupfen und in Streifen teilen.

2 Jeweils 3–4 Kieler Sprotten mit Porreestreifen zusammenbinden.

(Fortsetzung Seite 20)

Räucherfischplatte

(Fortsetzung – Foto Seite 19)

Aufgerollter Aal
(8 Stück)

Zubereitungszeit: 15 Minuten

etwa 600 g geräucherter Aal
2 Zitronen (unbehandelt)

1 Für den aufgerollten Aal Aal in 4–5 cm große Stücke schneiden und zur Hälfte die Haut einrollen.

2 Zitrone gründlich waschen, abtrocknen und in dünne Scheiben schneiden. Zitronenscheiben halbieren und in die Aalhaut stecken.

Forellenfilet mit Sahnemeerrettich
(12 Stück)

Zubereitungszeit: 20 Minuten

8 geräucherte Forellenfilets
300 ml steif geschlagene Schlagsahne
6 TL Meerrettich (aus dem Glas oder aus der Tube)
etwas Zitronensaft
Salz, frisch gemahlener Pfeffer
Zucker
Salatgurke
vorbereitete Kerbelzweige

1 Für die Forellenfilets mit Sahnemeerrettich Forellenfilets evtl. enthäuten und entgräten. Jedes Filet in 3 Stücke schneiden.

2 Sahne mit Meerrettich verrühren, mit Zitronensaft, Salz, Pfeffer und Zucker abschmecken und in einen Spritzbeutel mit Sterntülle füllen.

3 Gurke abspülen, abtrocknen, so schälen, dass etwas Schale stehen bleibt. Gurke in Scheiben schneiden. Gurkenscheiben auf die Forellenstücke legen, den Sahnemeerrettich darauf spritzen und mit Kerbelzweigen garnieren.

Gefüllte Baguettes

(Foto Seite 23)

Baguette mit Schinkenfüllung

Zubereitungszeit: 45 Minuten, ohne Kühlzeit

2 mittelgroße Baguettes
500 g gekochter Schinken
2 TL mittelscharfer Senf
150 g Crème fraîche
200 g Doppelrahm-Frischkäse
3 mittelgroße Gewürzgurken
3 hart gekochte Eier
Salz
frisch gemahlener Pfeffer
Paprikapulver edelsüß

1 Baguettes waagerecht halbieren und aushöhlen. Schinken fein würfeln, in eine Rührschüssel geben und mit einem Schneidstab pürieren. Senf, Crème fraîche und Frischkäse unterrühren, nochmals pürieren.

2 Gewürzgurken fein würfeln, Eier pellen und ebenfalls fein würfeln. Eier- und Gurkenwürfel unter die Schinkenmasse rühren. Mit Salz, Pfeffer und Paprika würzen.

3 Die Füllung in die ausgehöhlten Baguettes geben, die Baguettehälften wieder zusammensetzen, fest in Alufolie wickeln und 2–3 Stunden in den Kühlschrank stellen.

4 Gefüllte Baguettes aus der Alufolie nehmen, in dünne Scheiben schneiden und auf einer Platte anrichten.

Baguettebrötchen mit Ajvarcreme gefüllt

Zubereitungszeit: 55 Minuten, ohne Kühlzeit

6 Baguettebrötchen
150 g weiche Butter
200 g Doppelrahm-Frischkäse
200 g Hüttenkäse
200 g Ajvar (jugoslawische Paprikapaste)
2 gestr. TL Meerrettich
Salz, frisch gemahlener Pfeffer
Chilipulver
Paprikapulver edelsüß
2 rote kleine Paprikaschoten

1 Von den Baguettebrötchen die äußeren Enden abschneiden. Baguettes aushöhlen.

2 Butter mit Handrührgerät mit Rührbesen verrühren. Frischkäse, Hüttenkäse, Ajvar und Meerrettich unterrühren. Mit Salz, Pfeffer, Chili und Paprika würzen. Paprika halbieren, entstielen, entkernen, die weißen Scheidewände entfernen. Die Schoten waschen, trockentupfen, in kleine Würfel schneiden und unter die Creme rühren.

3 Die Baguettebrötchen mit der Creme füllen, fest in Alufolie einwickeln und 2–3 Stunden kalt stellen. Die gefüllten Brötchen aus der Folie nehmen, in Scheiben schneiden und auf eine Platte legen.

(Fortsetzung Seite 22)

Gefüllte Baguettes
(Fortsetzung)

Gefülltes Frischkäse-Baguette

Zubereitungszeit: 30 Minuten, ohne Kühlzeit

1 großes Baguette (ø 7–8 cm/etwa 500 g)
3 Becher Kräuter-Frischkäse (je 200 g)
250 g Magerquark
150 g Crème fraîche
3 Frühlingszwiebeln
12 grüne Oliven, mit Paprika gefüllt
Salz
frisch gemahlener Pfeffer
Paprikapulver edelsüß

Nach Belieben zum Bestreuen:
rote und gelbe Paprikawürfel
Frühlingszwiebelringe
küchenfertige Kresse

1 Das Baguette senkrecht halbieren und aushöhlen. Frischkäse, Quark und Crème fraîche verrühren. Frühlingszwiebeln putzen, waschen, abtropfen lassen und in kleine Ringe schneiden. Oliven in Scheiben schneiden.

2 Zwiebelringe und Olivenscheiben unter die Frischkäsemasse rühren. Mit Salz, Pfeffer und Paprika würzen. Die ausgehöhlten Baguettes mit der Frischkäsemasse füllen. Die Baguettehälften leicht auf der Arbeitsfläche aufschlagen, damit sie vollständig gefüllt sind, anschließend zusammen fest in Alufolie einwickeln und 3–4 Stunden kalt stellen.

3 Baguettes aus der Folie nehmen, in Scheiben schneiden und ebenfalls auf die Platte legen.

4 Nach Belieben mit Paprikawürfeln, Frühlingszwiebelringen und Kresse bestreuen.

Tipp 1: *Fester wird die Füllung, wenn Sie 4 Blatt weiße Gelatine, nach Packungsanleitung zubereitet, unter die Masse rühren.*

Tipp 2: *Am besten lässt sich das gefüllte Baguette mit einem elektrischen Messer schneiden.*

Feine Fischplatte

Aalspieße
(20 Stück)

Zubereitungszeit: 30 Minuten

600 g geräucherter Aal
200 g Rettich
4 kleine rote Zwiebeln
200 g Meerrettich-Frischkäse
Schnittlauchröllchen

1 Aal filetieren, entgräten, enthäuten und in mundgerechte Stücke schneiden.

2 Von dem Rettich Wurzelenden und Spitzen abschneiden. Rettich waschen, abtropfen lassen, schälen, in sehr dünne Scheiben schneiden. Zwiebeln abziehen und in Ringe schneiden.

3 Jeweils ein Aalstückchen, eine Rettichscheibe und einige Zwiebelringe nacheinander auf ein Holzstäbchen stecken und mit je einem Tupfer Meerrettich-Frischkäse und einigen Schnittlauchröllchen garnieren.

Lachsspieße
(8–10 Stück)

Zubereitungszeit: 35 Minuten, ohne Abkühlzeit

500 g frische dünne Lachsscheiben (etwa 20 Scheiben)
Salz, frisch gemahlener Pfeffer
250 g Blattspinat
400 ml Fischfond oder -brühe
200 ml Wasser
125 ml (⅛ l) Weißwein
20 gekochte Riesengarnelen (ohne Schale)
5 EL Olivenöl
3 EL Weißweinessig
etwas Zucker, 2 EL gehackte Kräuter z. B. Zitronenmelisse, Majoran, Basilikum, Estragon, Thymian

Außerdem:
Holzstäbchen

1 Für die Lachspieße Lachsscheiben mit Salz und Pfeffer bestreuen. Blattspinat waschen, abtropfen lassen, trockentupfen, die dicken Stiele entfernen. Jeweils 3–4 Spinatblätter auf die Lachscheiben legen und von der schmalen Seite her aufrollen. Mit einem Holzstäbchen zusammenstecken.

2 Fischfond oder -brühe, Wasser und Weißwein in einem Topf zum Kochen bringen. Lachsspieße hineingeben und 3–5 Minuten darin ziehen lassen (nicht mehr kochen lassen), zwischendurch wenden. Die Lachsspieße in dem Sud erkalten lassen, dann auf Küchenpapier abtropfen lassen.

3 Riesengarnelen darauf stecken. Weißweinessig mit Salz, Pfeffer, Zucker und Kräutern verrühren, Olivenöl unterschlagen. Die Spieße mit der Marinade beträufeln und auf einer Platte anrichten.

(Fortsetzung Seite 26)

Feine Fischplatte

(Fortsetzung – Foto Seite 25)

Fruchtige Forellenfilets
(20 Stück)

Zubereitungszeit: 25 Minuten

8 geräucherte Forellenfilets (je 100 g)
250 ml (¼ l) Schlagsahne
5 TL Meerrettich
(aus dem Glas oder aus der Tube)

Nach Belieben zum Garnieren:
4 EL stückige Pflaumenkonfitüre
6 Pflaumenspalten
einige Orangen- und Limettenfilets
abgeriebene Schale von 1 Orange und
1 Limette (jeweils unbehandelt)
Orangensaft

1 Für die fruchtigen Forellenfilets Filets enthäuten, in mundgerechte Stücke schneiden, dabei die Gräten entfernen.

2 Sahne steif schlagen, mit Meerrettich verrühren und in einen Spritzbeutel mit Sterntülle füllen. Tuffs auf die Forellenstücke spritzen.

3 Nach Belieben mit Pflaumenkonfitüre, Pflaumenspalten, Orangen- und Limettenfilets, Orangen- und Limettenschale garnieren. Mit Orangensaft beträufeln.

Tipp: *Anstelle der Forellenfilets können auch geräucherter Lachs, Lachsforelle oder Saibling verwendet werden.*

Matjesfilets mit Avocado
(20 Stück)

Zubereitungszeit: 30 Minuten

5 Matjesfilets
3 kleine Äpfel
1 große reife Avocado
3 EL Zitronensaft
2 geh. EL Preiselbeeren (aus dem Glas)

Außerdem:
Holzstäbchen

1 Für die Matjesfilets mit Avocado Matjesfilets in 20 mundgerechte Stücke schneiden, dabei die Gräten entfernen. Äpfel waschen, trockentupfen. Kerngehäuse mit einem Apfelausstecher ausstechen. Äpfel in 20 Scheiben schneiden. Avocado halbieren, den Stein herauslösen, schälen. Das Fruchtfleisch in dünne Spalten schneiden.

2 Apfelscheiben und Avocadospalten mit Zitronensaft beträufeln, mit den Matjesstücken auf Holzstäbchen stecken und mit Preiselbeeren garnieren.

Fladenbrotplatte

(Foto Seite 29)

Fladenbrot mit Kichererbsenpüree

Zubereitungszeit: 55 Minuten

1 Dose Kichererbsen
(Abtropfgewicht 265 g)
150 g Naturjoghurt
2 EL Tahin (Sesampaste, erhältlich
in türkischen Geschäften)
1 Bund Frühlingszwiebeln
1 Bund glatte Petersilie
Salz
frisch gemahlener Pfeffer
2 Msp. Pul-Biber
(erhältlich in türkischen Geschäften)
1 rundes Fladenbrot (etwa 400 g)

1 Kichererbsen in einem Sieb abtropfen lassen. Kichererbsen pürieren, mit Joghurt und Tahin verrühren. Frühlingszwiebeln putzen, waschen, abtropfen lassen, in feine Ringe schneiden. Petersilie abspülen, trockentupfen. Die Blättchen von den Stängeln zupfen und fein hacken. Etwa zwei Drittel der Zwiebelringe und der Petersilie unter den Joghurt rühren. Mit Salz, Pfeffer und Pul-Biber würzen.

2 Das Fladenbrot bei Ober-/Unterhitze etwa 200 °C etwa 5 Minuten aufbacken, etwas abkühlen lassen, dann in 12 Tortenstücke schneiden, diese waagerecht halbieren, so dass 24 Stücke entstehen. Die unteren Fladenbrotstücke mit Kichererbsenpüree bestreichen und die oberen Stücke darauf setzen. Mit den restlichen Frühlingszwiebelringen und Petersilie bestreuen. Auf einer Platte anrichten.

Fladenbrot mit Tunfisch-Frischkäse

Zubereitungszeit: 60 Minuten

2 Dosen Tunfisch (Abtropfgewicht 150 g)
2 rote Zwiebeln
1 Bund glatte Petersilie
3 mittelgroße Tomaten
1 Becher (200 g) Doppelrahm-Frischkäse
Salz
frisch gemahlener Pfeffer
einige Cocktailtomaten
1 rundes Fladenbrot (etwa 400 g)

1 Tunfisch gut abtropfen lassen. Zwiebeln abziehen, halbieren, fein würfeln. Petersilie waschen, trockentupfen, die Blättchen von den Stängeln zupfen. Blättchen fein hacken. Tomaten waschen, abtrocknen, vierteln, die Stängelansätze herausschneiden. Tomaten in Würfel schneiden. Tunfisch mit Zwiebel-, Tomatenwürfeln, Petersilie und Frischkäse verrühren. Mit Salz und Pfeffer würzen. Cocktailtomaten waschen und trockentupfen.

2 Fladenbrot wie ab Punkt 2 (Fladenbrot mit Kichererbsenpüree) beschrieben aufbacken und in 24 Stücke schneiden.
Die unteren Fladenbrotstücke mit der Tunfischmasse bestreichen, mit den oberen Stücken bedecken. Mit den Cocktailtomaten anrichten.

(Fortsetzung Seite 28)

Fladenbrotplatte
(Fortsetzung)

Fladenbrot mit Tsatsiki

Zubereitungszeit : 60 Minuten, ohne Abtropfzeit

2 Becher (je 500 g) Naturjoghurt
5 Knoblauchzehen
1 TL Salz
1 EL Olivenöl
1 Salatgurke
1 rundes Fladenbrot (etwa 400 g)

1 Für das Fladenbrot mit Tsatsiki Joghurt in einem Sieb (mit Küchenpapier ausgelegt) gut abtropfen lassen.

2 Knoblauch abziehen, in feine Würfel schneiden oder durch eine Knoblauchpresse drücken. Knoblauch, Salz und Olivenöl unter den Joghurt rühren.

3 Gurke waschen, abtrocknen und halbieren, eine Gurkenhälfte grob raspeln, in einem Sieb abtropfen lassen oder ausdrücken und mit dem Joghurt verrühren. Nach Belieben nachwürzen. Andere Gurkenhälfte in Scheiben schneiden. Gurkenscheiben halbieren.

4 Fladenbrot wie auf Seite 27 beschrieben aufbacken und in 24 Stücke schneiden. Die unteren Fladenbrotstücke mit Tsatsiki bestreichen und mit den oberen Stücken bedecken. Mit den halbierten Gurkenscheiben garnieren.

Belegte Baguettescheiben

Zubereitungszeit: 45 Minuten, ohne Abkühlzeit

etwa 400 g Schweinefilet
Salz
frisch gemahlener Pfeffer
1 EL Speiseöl
einige Salatblätter

etwa 2 kleine Baguettebrote
100 g weiche Butter

10 Scheiben roher Schinken
10 Scheiben Putenbrustaufschnitt
15 Scheiben Gänsebrustaufschnitt
10 Scheiben Salami (fein)
300 g Thüringer Mett

Zum Garnieren:
¼ Salatgurke
1 rote Paprikaschote
einige grüne Oliven, mit Paprika gefüllt
einige Maiskölbchen
Schnittlauchröllchen

1 Schweinfilet unter fließendem kalten Wasser abspülen, trockentupfen, in 5 Scheiben schneiden, mit Salz und Pfeffer würzen. Speiseöl in einer Pfanne erhitzen Die Filetscheiben von beiden Seiten darin anbraten und in weiteren etwa 6 Minuten fertig garen. Filetscheiben herausnehmen und erkalten lassen. Salatblätter waschen und trockentupfen.

2 Die Baguettebrote in etwa 1 cm dicke Scheiben (etwa 30 Stück) schneiden und mit Butter bestreichen.

3 Jeweils 5 Baguettescheiben mit Salatblättern und je 2 Scheiben aufgerollten Schinken, mit je 2 Scheiben Putenbrustaufschnitt, mit je 3 Scheiben Gänsebrustaufschnitt, mit je 2 Scheiben Salami sowie mit den gebratenen Filetscheiben belegen. Thüringer Mett eventuell mit Salz und Pfeffer nachwürzen, 5 Baguettescheiben damit bestreichen.

4 Zum Garnieren Salatgurke waschen, abtrocknen und in dünne Scheiben schneiden. Scheiben halbieren. Paprika halbieren, entstielen, entkernen, die weißen Scheidenwände entfernen. Die Schoten waschen, trockentupfen und in Würfel schneiden. Oliven in Scheiben schneiden.

5 Baguettescheiben auf einer großen Platte anrichten. Mit Oliven, evtl. in Scheiben geschnitten, Gurkenstücken, Maiskölbchen, Paprikawürfeln und Schnittlauchröllchen garnieren.

Gemüseplatte mit Dips

Zubereitungszeit: 110 Minuten

750 g junge Möhren
5 Paprikaschoten (rot, grün und gelb)
4 Zucchini (etwa 800 g)
500 g Staudensellerie
Schnittlauchhalme
600 g Kohlrabi
300 g Blattsalatblätter, z. B. Römersalat
800 g weißer Spargel
1 große Salatgurke
4 hart gekochte, gehackte Eier
3 EL gehackte Kräuter
3 EL Auberginenpaste

Für die Minzesahne:
125 ml (⅛ l) Schlagsahne
150 g Magerjoghurt
2 Zweige Minze
Salz, Pfeffer
etwas Zitronensaft

Für den Paprika-Dip:
2 große rote Paprikaschoten
4 Knoblauchzehen
2 EL Tomatenmark
3 TL Olivenöl, gemahlener Koriander

Für den Tunfisch-Dip:
2 Dosen (je etwa 125 g Abtropfgewicht)
Tunfischfilet im eigenen Saft
2 kleine Zwiebeln
etwas scharfer Senf, 2 TL Kapern
125 g Kräuter-Crème-fraîche

1 Möhren schälen, Spitzen abschneiden, etwas Grün stehen lassen, waschen, abtropfen lassen. Paprika halbieren, entstielen, entkernen, die weißen Scheidewände entfernen. Schoten waschen und in Streifen schneiden. Zucchini waschen, abtrocknen, die Enden abschneiden, Zucchini längs in dünne Scheiben schneiden. 1–2 Möhren ebenfalls in Streifen schneiden. Zucchini- und Möhrenstreifen kurz in kochendem Wasser blanchieren, in kaltem Wasser abschrecken und abtropfen lassen.

2 Von dem Staudensellerie Wurzelenden und welke Blätter entfernen, die harten Außenfäden abziehen, die Stangen waschen, abtropfen lassen, in etwa ½ cm dicke und etwa 8 cm lange Stücke schneiden. Stücke mit Schnittlauchhalmen umwickeln. Kohlrabi schälen, waschen, abtropfen lassen und in etwa ½ cm dicke und etwa 8 cm lange Stifte schneiden. Kohlrabistifte mit blanchierten Möhrenstreifen umwickeln. Salatblätter mit ⅔ der Zucchinischeiben umwickeln.

3 Spargel von oben nach unten schälen, darauf achten, dass die Schalen vollständig entfernt, die Köpfe aber nicht verletzt werden, die unteren Enden abschneiden (holzige Stellen vollkommen entfernen). Spargel abspülen, in kochendem Salzwasser zugedeckt etwa 10 Minuten garen, abtropfen und erkalten lassen. Spargel mit den restlichen Zucchinistreifen umwickeln. Gurke waschen, abtrocknen, die Enden abschneiden, in etwa ½ cm dicke Scheiben schneiden. Die Mitte der Gurkenscheiben so ausstechen, dass Ringe entstehen. Jeweils mit etwas Ei, Kräutern und Auberginenpaste füllen.

4 Für die Minzesahne Sahne steif schlagen. Joghurt unterheben. Minze abspülen, trockentupfen. Blättchen von den Stängeln zupfen. Blättchen fein hacken und unter die Joghurtsahne rühren. Mit Salz, Pfeffer und Zitronensaft abschmecken.

(Fortsetzung Seite 34)

Gemüseplatte mit Dips

(Fortsetzung – Foto Seite 33)

etwas Weißweinessig
Schnittlauchröllchen

6 Für den Paprika-Dip Paprika halbieren, entstielen, entkernen, die weißen Scheidewände entfernen. Schoten waschen, in Stücke schneiden. Knoblauch abziehen. Paprika und Knoblauch pürieren, mit Salz, Pfeffer, Tomatenmark, Olivenöl und Koriander verrühren.

7 Für den Tunfisch-Dip Tunfisch abtropfen lassen, etwas Tunfisch beiseite legen. Zwiebeln abziehen, Tunfisch, Zwiebeln, Salz, Pfeffer, Senf, Kapern, Kräuter-Crème-fraîche und Essig in einen hohen Becher geben und mit einem Mixstab grob zerkleinern. Mit dem beiseite gelegten Tunfisch und Schnittlauchröllchen anrichten. Das Gemüse auf eine große Platte legen und mit den Dips servieren.

Raffiniert

Paprika und Avocado mit Frischkäse gefüllt

(32 Stück)

Zubereitungszeit: etwa 40 Minuten

400 g Doppelrahm-Frischkäse
Salz, frisch gemahlener Pfeffer
Paprikapulver edelsüß
1 EL gehackter Dill, 1 TL gehackte Kapern
je 2 rote und grüne Paprikaschoten
2 Avocados
1 EL Zitronensaft, einige Dillzweige
einige Kapern, etwas Kresse

einige Holzspießchen

1 Frischkäse in eine Schüssel geben, mit Salz, Pfeffer, Paprika, Dill und Kapern zu einer geschmeidigen Masse verrühren.

2 Paprika vierteln, entstielen, entkernen, die weißen Scheidewände entfernen. Schoten waschen, trockentupfen und in Rauten schneiden. Paprikareste würfeln. Avocados halbieren, Stein herauslösen, Avocados schälen, klein schneiden und mit Zitronensaft beträufeln.

3 Die Paprikarauten und Avocadostücke mit je einem Tupfen der Frischkäsemasse versehen, mit Holzspießchen feststecken. Die Paprikarauten mit Paprikawürfeln und Dill garnieren, die Avocadostücke mit Kapern und Kresse.

Italienische Platte

Zubereitungszeit: 25 Minuten, ohne Marinierzeit

Möhren mit Parmaschinken
(Titelfoto)

10–12 junge Möhren
3 EL Olivenöl
1 EL Balsamico-Essig
Salz, 1 Prise Zucker
frisch gemahlener Pfeffer
5–6 Scheiben Parmaschinken
evtl. Petersilie

1 Möhren schälen, Spitzen abschneiden, vom Grün etwas stehen lassen. Möhren waschen, kurz in kochendem Salzwasser blanchieren, mit kaltem Wasser übergießen und abtropfen lassen.

2 Olivenöl mit Essig, Salz, Zucker und Pfeffer verrühren, die Möhren etwa 60 Minuten darin marinieren, zwischendurch wenden.

3 Die Möhren aus der Marinade nehmen und jeweils mit einer halben Scheibe Parmaschinken umwickeln. Petersilie abspülen und trockentupfen. Möhren nach Belieben damit garnieren.

Bruschetta
(Titelfoto)

Zubereitungszeit: 20 Minuten

8 Scheiben Ciabatta
8 große abgezogene, gewürfelte Tomaten
3 abgezogene, in Würfel geschnittene Knoblauchzehen
1 abgezogene, in Würfel geschnittene Zwiebel
2 TL Zitronensaft
6 EL Olivenöl
1 TL italienische Kräuter
Salz
frisch gemahlener Pfeffer
evtl. 8 Kapernäpfel

1 Ciabattascheiben toasten (oder in etwas Olivenöl anbraten).

2 Tomatenwürfel mit den Knoblauch- und Zwiebelwürfeln mischen. Zitronensaft, Olivenöl, Kräuter, Salz und Pfeffer unterrühren und abschmecken.

3 Die Tomatenmischung auf den Ciabattascheiben verteilen. Nach Belieben mit den Kapernäpfel garnieren.

(Fortsetzung Seite 38)

Italienische Platte
(Fortsetzung – Foto Seite 37)

Mortadellascheiben
(8 Portionen)

Zubereitungszeit: 10 Minuten

300 g italienische Mortadella, in sehr dünne Scheiben geschnitten
Basilikum

1 Die Mortadellascheiben auf einer Platte locker anrichten. Basilikum abspülen und trockentupfen. Mortadellascheiben damit garnieren.

Parmaschinken auf Grissinistangen
(12 Stück)

Zubereitungszeit: 10 Minuten

12 dünne Spalten Netz- oder Cantalupmelone, ohne Schale
12 Grissinistangen
12 Scheiben Parmaschinken

1 Je 1 Spalte Melone und 1 Grissinistange in eine Scheibe Parmaschinken wickeln.

Tipp: *Sofort servieren, die Grissinistangen weichen sehr schnell durch.*

Salamischeiben mit Oliven
(12 Stück)

Zubereitungszeit: 10 Minuten

150 g italienische Salami, in Scheiben
je 8 schwarze und grüne Oliven
2 Zweige Rosmarin

1 Die Salamischeiben zu Spitztüten aufrollen und auf die Platte legen. Rosmarin abspülen und trockentupfen. Salami mit Oliven und Rosmarinzweigen garnieren.

Italienische Platte

(Fortsetzung – Foto Seite 37)

Mariniertes Gemüse
(8 Stück)

Zubereitungszeit: 25 Minuten, ohne Durchziehzeit

8 Artischockenherzen (aus der Dose)
je 1 rote und grüne Paprikaschote
5 EL Olivenöl
1 EL Zitronensaft
1 abgezogene, in Würfel geschnittene Knoblauchzehe
2 TL gemischte gehackte Kräuter
Salz
frisch gemahlener Pfeffer

Außerdem:
Holzstäbchen

1 Artischockenherzen abtropfen lassen und in einer flachen Schale verteilen. Paprika vierteln, entstielen, entkernen, die weißen Scheidewände herausschneiden. Schoten waschen, in kochendes Salzwasser geben und 3–5 Minuten kochen lassen.

2 Die Paprikastücke sofort kurz in kaltes Wasser legen, herausnehmen, etwas abkühlen lassen und die Haut abziehen.

3 Olivenöl, Zitronensaft, Knoblauchwürfel, Kräuter, Salz und Pfeffer verrühren, über dem Gemüse verteilen und einige Stunden durchziehen lassen.

4 Die Paprikaschoten aufrollen, mit einem Holzstäbchen auf die Artischockenherzen spießen.

Mozzarella mit Tomaten
(Titelfoto)

Zubereitungszeit: 15 Minuten

6 Strauchtomaten
400 g Mozzarella-Käse
2 EL Balsamico-Essig
Salz
grob gemahlener Pfeffer
7 EL Olivenöl
20 Basilikumblättchen

1 Tomaten waschen, halbieren und die Stängelansätze herausschneiden. Die Tomaten in Scheiben schneiden.

2 Mozzarella in Scheiben schneiden und auf die Tomatenscheiben legen.

3 Essig, Salz und Pfeffer verrühren, Olivenöl unterrühren und auf den Mozzarellascheiben verteilen. Basilikumblättchen abspülen und trockentupfen. Die Mozzarella-Tomaten-Scheiben damit garnieren.

Ruck-Zuck-Käseplatte

Zubereitungszeit: 40 Minuten

500 g mittelalter Gouda-Käse
½ rote Paprikaschote
Paprikapulver edelsüß
1 Chicorée
vorbereitete Brunnenkresse

400 g Edamer-Käse
½ grüne Paprikaschote, in Streifen geschnitten

1 runder Brie-Käse (etwa 400 g)
4 Kumquats

300 g Blauschimmel-Käse, z. B. Gorgonzola
1 Kiwi

300 g Raclette-Käse
1 EL Schnittlauchröllchen
einige Basilikumblättchen
5 halbierte Cocktailtomaten

1 Die Hälfte von dem Gouda-Käse zuerst in etwa ½ cm dicke Scheiben schneiden, dann mit einem Buntmesser in Dreiecke schneiden. Käsedreiecke dachziegelartig auf einer Platte anrichten.

2 Rote Paprikaschote entstielen, entkernen, die weißen Scheidewände entfernen. Schote waschen, trockentupfen und mit einem Buntmesser in Rauten schneiden. Die Käsedreiecke mit den Paprikarauten garnieren.

3 Den restlichen Käse in dickere Stangen schneiden. Chicorée putzen, waschen, abtropfen lassen, längs halbieren. Strunk herausschneiden, Blätter abzupfen, waschen und trockentupfen.

4 Die Käsestangen auf den Chicoréeblättern anrichten, mit Paprika bestreuen und mit Brunnenkresse garnieren.

5 Edamer-Käse zuerst in etwa 1 ½ cm dicke Scheiben, dann in Rauten schneiden. Käserauten mit den grünen Paprikastreifen garniert auf der Käseplatte anrichten.

6 Brie-Käse in Achtel schneiden. Kumquats waschen, trockentupfen und in Scheiben schneiden. Die Briestücke mit den Kumquatscheiben garnieren.

7 Blauschimmel-Käse in Dreiecke schneiden. Kiwi schälen, in Scheiben schneiden und mit den Käsedreiecken auf der Platte anrichten.

8 Raclette-Käse in Scheiben schneiden, aufrollen, auf der Platte anrichten und mit Schnittlauchröllchen bestreuen. Mit Basilikumblättchen und Tomatenhälften garnieren.

(Fortsetzung Seite 42)

Ruck-Zuck-Käseplatte

(Fortsetzung – Foto Seite 41)

Ziegen-Käsetorte

Zubereitungszeit: 20 Minuten

½ Kästchen Kresse
1 runder Ziegen-Käse (etwa 300 g)
2 EL gemahlene Walnusskerne
1 EL Preiselbeeren (aus dem Glas)
helle und dunkle kernlose Weintrauben

1 Für die Ziegen-Käsetorte Kresse abspülen, trockentupfen und abschneiden. Gut die Hälfte der Kresse kreisförmig auf den Ziegen-Käse legen.

2 Walnusskerne mit Preiselbeeren verrühren und auf das Kressebett geben, mit restlicher Kresse garnieren.

3 Weintrauben waschen, abtrocknen und halbieren. Den Käse mit Weintraubenhälften belegen.

Tipp: *Statt Weintrauben können auch entsteinte Backpflaumen verwendet werden.*

Klassisch

Käsespieße

Zubereitungszeit: 30 Minuten

600 g Käse, z. B. Gouda oder deutscher Edamer
6 Scheiben Schwarzbrot
30 g Butter
gewaschene Obststücke, z. B. Weintrauben oder Kirschen, Ananas
einige Walnusskernhälften

Außerdem:
Spieße

1 Den Käse in mundgerechte Würfel schneiden. Schwarzbrot mit Butter bestreichen und ebenfalls in mundgerechte Stücke schneiden.

2 Abwechselnd jeweils 2 Käsewürfel und 2 Schwarzbrotstücke übereinander legen. Obststückchen oder Walnusskernhälften darauf legen und mit je einem Spieß zusammenstecken.

Tipp: *Statt frisches Obst eine kleine Dose gut abgetropfte Mandarinen (Abtropfgewicht 175 g) verwenden.*

Käseplatte

Porreeschiffchen
(24 Stück)

Zubereitungszeit: 40 Minuten

4 dünne Porreestangen (Lauch)
100 g Schafkäse
200 g Schmand
3 EL Schnittlauchröllchen

1 Für die Porreeschiffchen vom Porree die Außenblätter entfernen, Wurzelenden und dunkles Grün abschneiden. Porree gründlich waschen, abtropfen lassen, in etwa 5 cm lange Stücke schneiden, diese längs einschneiden, aber nur so weit, dass sie an einer Seite noch zusammenhalten. Die Porreestücke 2–3 Minuten in kochendem Salzwasser blanchieren, anschließend mit kaltem Wasser übergießen und gut abtropfen lassen.

2 Schafkäse mit einer Gabel zerdrücken, mit Schmand und Schnittlauchröllchen (evtl. einige Schnittlauchröllchen zum Garnieren beiseite legen) verrühren.

3 Die Käsecreme in die Einschnitte der Porreestücke geben und mit den Schnittlauchröllchen bestreuen.

Tipp: *Die Porreeschiffchen mit blanchierten Porreestreifen zusammenbinden.*

Sesamringe mit Schafkäse

Zubereitungszeit: 25 Minuten

3 EL gehackte Petersilie
2 EL Sesamsamen
4 EL Olivenöl
Salz
frisch gemahlener Pfeffer
80 ml Schlagsahne
2 Sesamringe (je etwa 200 g)
200 g Schafkäse oder Frischkäse

1 Petersilie mit Sesam, Olivenöl, Salz und Pfeffer verrühren.

2 Schaf- oder Frischkäse mit einer Gabel zerdrücken, mit Sahne und der Petersilien-Öl-Mischung verrühren.

3 Die Käsemasse in einen Spritzbeutel mit Lochtülle füllen und auf die Sesamringe spritzen.

(Fortsetzung Seite 46)

Käseplatte

(Fortsetzung – Foto Seite 45)

Tête de moine
(10 Stück)

Zubereitungszeit: 25 Minuten

10 mittelgroße Tomaten
einige Salatblätter
etwa 200 g Tête de moine
(Mönchskopf-Käse)

Nach Belieben:
einige Kräuter

1 Für den Tête de moine Tomaten waschen, abtrocknen, halbieren und vorsichtig mit einem Löffel aushöhlen. Salatblätter waschen und trockentupfen. Die Tomatenhälften mit den Salatblättern auslegen.

2 Den Käse mit einem Mönchskopfschaber (Girolle) zu Rosetten schaben (oder im Käsefachgeschäft schneiden lassen). Den Käse vorsichtig in die ausgehöhlten Tomaten füllen und nach Belieben mit Kräutern garnieren.

Käsebirnen
(8–10 Stück)

Zubereitungszeit: 30 Minuten, ohne Abkühlzeit

8–10 Birnen
250 ml (¼ l) Weißwein
250 ml (¼ l) Wasser
200 g Roquefort-Käse
100 g Speisequark
4 EL Orangensaft
frisch gemahlener Pfeffer
3 EL Pinienkerne

1 Für die Käsebirnen Birnen schälen, mit einem Apfelausstecher das Kerngehäuse entfernen. Birnen in Wein und Wasser etwa 10 Minuten dünsten lassen, dabei mehrmals wenden. Birnen in dem Sud erkalten lassen.

2 Roquefort-Käse mit Quark, Orangensaft und Pfeffer verrühren. Die Birnen aus dem Sud nehmen und trockentupfen. Die Käsecreme in einen Spritzbeutel mit Lochtülle geben. Die Birnen damit füllen. Restliche Creme auf den Birnen verteilen.

3 Pinienkerne in einer Pfanne ohne Fett rösten. Geröstete Pinienkerne mahlen. Die Käsebirnen damit bestreuen oder darin wälzen.

Tipp: *Nach Belieben jede Birne mit einem Petersilienblatt und Orangenstückchen garnieren und auf eine Orangenscheibe setzen.*

Pumpernickeltaler
(Foto Seite 49)

Pumpernickeltaler mit Frischkäse
(25 Stück)

Zubereitungszeit: 20 Minuten

200 g Doppelrahm-Frischkäse
1 Becher (150 g) Crème fraîche
1 EL Milch
2 Frühlingszwiebeln
Worcestersauce
Salz, frisch gemahlener Pfeffer
25 Pumpernickeltaler

Zum Garnieren:
je 1 grüne und rote Paprikaschote
15 grüne Oliven

1 Frischkäse mit Crème fraîche und Milch verrühren. Frühlingszwiebeln putzen, waschen, abtropfen lassen und in Ringe schneiden. Die Hälfte der Zwiebelringe unter die Frischkäsemasse rühren. Mit Worcestersauce, Salz und Pfeffer würzen. Die Frischkäsemasse kuppelartig auf die Pumpernickeltaler streichen.

2 Zum Garnieren Paprika halbieren, entstielen, entkernen, die weißen Scheidewände entfernen. Schoten waschen und in kleine Würfel schneiden. Oliven in Scheiben schneiden.

3 Pumpernickeltaler auf einer Platte anrichten. Mit Paprikawürfeln und Olivenscheiben garnieren.

Pumpernickeltaler mit Matjes
(30 Stück)

Zubereitungszeit: 20 Minuten, ohne Durchziehzeit

400 g Matjesfilet
2 Schalotten
2 mittelgroße Gewürzgurken
2 Tomaten
1 EL fein geschnittener Dill
1 EL fein geschnittene Petersilie
4 EL Sonnenblumenöl
2 EL Weißweinessig

1 Matjesfilet eventuell entgräten und sehr fein würfeln. Schalotten abziehen. Gurken und Schalotten ebenfalls in feine Würfel schneiden.

2 Tomaten waschen, abtropfen lassen, kreuzweise einschneiden, kurz in kochendes Wasser legen und in kaltem Wasser abschrecken. Tomaten enthäuten, die Stängelansätze herausschneiden. Tomaten in feine Würfel schneiden.

3 Matjes-, Gurken-, Schalotten- und Tomatenwürfel mit Dill und Petersilie vermengen. Sonnenblumenöl und Essig unterrühren. Mit Salz, Pfeffer und Zucker würzen, etwas durchziehen lassen.

(Fortsetzung Seite 48)

Pumpernickeltaler
(Fortsetzung)

Salz
Pfeffer
etwas Zucker
etwa 30 Pumpernickeltaler
30 g weiche Butter
Dillstängel zum Garnieren

4 Pumpernickeltaler mit etwas Butter bestreichen. Die Matjesfiletmischung mithilfe eines kleinen Eisportionierers oder 2 Teelöffeln formen und auf die Pumpernickel geben.

5 Zum Garnieren Dillstängel waschen, trockentupfen, in kleine Zweige zupfen. Pumpernickeltaler auf einer Platte anrichten und mit Dill garnieren.

Pumpernickeltaler mit Quark-Frischkäse
(25 Stück)

Zubereitungszeit: 15 Minuten

200 g Doppelrahm-Frischkäse
125 g Speisequark
gemahlener Kümmel
Salz
frisch gemahlener Pfeffer
einige Spritzer Tabasco
Paprikapulver scharf und edelsüß
25 Pumpernickeltaler

Zum Garnieren:
blaue und grüne Weintrauben

1 Frischkäse mit Speisequark verrühren. Mit Kümmel, Salz, Pfeffer, Tabasco und Paprika würzen.

2 Die Masse in einen Spritzbeutel mit Sterntülle füllen und auf die Pumpernickeltaler spritzen.

3 Pumpernickeltaler auf einer Platte anrichten. Weintrauben waschen, trockentupfen und halbieren, evtl. entkernen. Pumpernickeltaler mit den Weintraubenhälften garnieren.

Eierplatte

Grüne Eier
(6 Stück)

Zubereitungszeit: 25 Minuten

3 hart gekochte Eier
2 EL Kräuter-Crème-fraîche
Salz
frisch gemahlener Pfeffer
Olivenöl
2 EL gehackte Kräuter, z. B. Petersilie, Schnittlauch, Majoran

1 Für die grünen Eier Eier pellen, längs halbieren, Eigelb herausnehmen und durch ein Sieb streichen. Eigelb mit Kräuter-Crème-fraîche verrühren. Mit Salz und Pfeffer würzen.

2 Die Eiweißhälften von außen mit etwas Olivenöl bestreichen und mit den Kräutern bestreuen.

3 Die Eigelbcreme in einen Spritzbeutel mit Sterntülle füllen und in die Eiweißhälften spritzen. Mit Kräutern garnieren.

Kaviareier auf Baguettescheiben
(8 Stück)

Zubereitungszeit: 15 Minuten

8 geröstete Baguettescheiben
30 g weiche Butter
2 hart gekochte Eier
4 TL Ketakaviar
4 TL schwarzer Kaviar, z. B. Beluga
Daikon-Kresse (oder Gartenkresse)

1 Für die Kaviareier Baguettescheiben mit Butter bestreichen. Eier pellen, in Scheiben schneiden und auf die Brotscheiben legen.

2 Jeweils 4 Brotscheiben mit den verschiedenen Kaviarsorten belegen. Kresse abspülen, trockentupfen und abschneiden. Die Baguettescheiben damit garnieren.

(Fortsetzung Seite 52)

Eierplatte

(Fortsetzung – Foto Seite 51)

Garnierte Eierhälften
(16 Stück)

Zubereitungszeit: 25 Minuten

8 hart gekochte Eier
½ blanchierte Möhre
½ schmale Salatgurke
4 grüne Oliven, mit Paprika gefüllt
½ rote Paprikaschote
½ gelbe Paprikaschte
1 TL Kapern
etwas Basilikum
einige Kerbelblättchen
einige Dillzweige
50 g gegarte Shrimps

1 Eier pellen und halbieren. Die Eierhälften mit der Schnittfläche nach unten auf einer Platte anrichten.

2 Möhre in dünne Scheiben schneiden. Salatgurke waschen, trockentupfen und in dünne Scheiben schneiden. Oliven ebenfalls in dünne Scheiben schneiden. Paprika entstielen, entkernen, die weißen Scheidewände entfernen. Schoten waschen, trockentupfen und in kleine Rauten schneiden.

3 Die Eierhälften nach Belieben mit den Möhren-, Gurken-, Olivenscheiben, Paprikarauten, Kapern, Kräutern und Shrimps garnieren.

Pochierte Eier im Nest
(4 Stück)

Zubereitungszeit: 20 Minuten, ohne Kühlzeit

1 l Wasser
3 EL Essig
4 Eier (Größe M)
4 Wirsingblätter
4 Porreestreifen
Rot-Weiß-Mayonnaise (aus der Tube, Fertigprodukt; oder nach Belieben Mayonnaise oder Tomatenketchup)

1 Für die pochierten Eier Wasser mit Essig zum Kochen bringen. Eier einzeln in einer Suppenkelle aufschlagen und vorsichtig in das kochende Wasser geben (bei Gas die Flamme klein stellen, bei Strom die Kochstelle ausstellen). Eier 3–4 Minuten darin ziehen lassen, zwischendurch einmal wenden.

2 Eier mit einem Schaumlöffel herausnehmen, erkalten lassen und dann ringsherum in Form schneiden.

3 Wirsingblätter und Porreestreifen kurz in kochendem Salzwasser blanchieren, herausnehmen, mit kaltem Wasser übergießen und gut abtropfen lassen.

4 Jeweils ein Ei auf ein Wirsingblatt legen, etwas Mayonnaise darauf spritzen. Die Wirsingblätter über dem Ei zusammenschlagen und mit einem blanchierten Porreestreifen zusammenbinden.

Schnelle Käseplatte

(6 Portionen – Foto Seite 55)

Käsetörtchen
(10 Stück)

Zubereitungszeit: 15 Minuten

50 g weiche Butter
½ TL Estragonsenf
10 Cräcker
2 kleine Tomaten
etwa ¼ Salatgurke
5 Minikäsetörtchen in den Sorten Mandel-Ananas, Paprika, Schnittlauch, Krabben-Dill (gibt es fertig im Kühlregal)
einige Kräuterstängel (z. B. Schnittlauch, Petersilie, Dill)

1 Für die Käsetörtchen Butter mit Senf geschmeidig rühren und auf die Cräcker streichen.

2 Tomaten waschen, trockentupfen, halbieren, Stängelansätze herausschneiden, Tomaten in Scheiben schneiden. Gurke waschen, abtrocknen und ebenfalls in Scheiben schneiden. Die Tomaten- und Gurkenscheiben auf die Cräcker legen.

3 Minikäsetörtchen halbieren und je eine Hälfte auf die Cräcker legen. Die Kräuterstängel waschen und trockentupfen. Die belegten Cräcker damit garnieren.

Feta-Käse-Häppchen
(16 Stück)

Zubereitungszeit: 15 Minuten

200 g Feta-Käse (rechteckig, am Stück)
50 g ungeschwefelte getrocknete Aprikosen
50 g Eisbergsalat
50 g Curry-Ananas-Brotaufstrich (Fertigprodukt aus dem Glas)

1 Für die Feta-Käse-Häppchen Feta-Käse waagerecht halbieren. Aprikosen in kleine Würfel schneiden. Eisbergsalat putzen, waschen, trockentupfen und in feine Streifen schneiden.

2 Den Brotaufstrich mit Aprikosenwürfeln und Eisbergstreifen vermischen und auf die Käsehälften streichen. Den Käse in 16 Stücke schneiden.

Tipp: *Nach Belieben die Feta-Häppchen mit Obststückchen garnieren. Statt Aprikosen können auch entsteinte getrocknete Pflaumen oder Rosinen verwendet werden.*

(Fortsetzung Seite 54)

Schnelle Käseplatte
(Fortsetzung)

Harzer Brot mit Gurkensalat
(12 Stück)

Zubereitungszeit: 25 Minuten

3 Scheiben (je 50 g) Vollkornbrot
etwa 30 g weiche Kräuterbutter
3 Salatblätter
1 Rolle (200 g) Harzer Käse
½ Salatgurke (etwa 200 g)
1 kleine Zwiebel
Salz
frisch gemahlener Pfeffer
1 Prise Zucker
gut 1 TL Zitronensaft
etwas mittelscharfer Senf
1 EL gehackter Dill

1 Für das Harzer Brot Vollkornbrot mit Butter bestreichen. Salatblätter waschen, trockentupfen und auf die Brotscheiben legen. Die Brotscheiben in Viertel schneiden.

2 Harzer Käse in 12 Scheiben schneiden und auf die Brotviertel legen.

3 Salatgurke waschen, trockentupfen, in 12 knapp ½ cm dicke Scheiben schneiden und mit einer runden Ausstechform Ringe ausstechen. Die Ringe auf die Käsescheiben legen.

4 Restliche Gurke und ausgestochene Gurkenkreise in feine Würfel schneiden. Zwiebel abziehen, fein würfeln und zu den Gurkenwürfeln geben.

5 Den Gurkensalat mit Salz, Pfeffer, Zucker, Zitronensaft und Senf abschmecken. Dill unterrühren und den Gurkensalat in die Ringe geben.

Tipp: *Nach Belieben 1 Esslöffel Schmand unter den Gurkensalat rühren.*

Revival-Platte
(8 Portionen)

Cocktail-Igel

Zubereitungszeit: 30 Minuten

150 g Tomatenpaprika in Streifen (aus dem Glas)
12 Cornichons
1 Glas (200 g) Perlzwiebeln oder Mixed Pickles
12 Oliven
12 Radieschen
24 Cocktailwürstchen
12 Cervelatwurstscheiben

Grapefruit

1 Für die Cocktail-Igel das eingelegte Gemüse gut abtropfen lassen. Radieschen waschen, putzen und mit einem Messer etwas einschneiden.

2 Gemüse, Cocktailwürstchen und Cervelatwurstscheiben gemischt und in unterschiedlichen Kombinationen auf Holzspießchen stecken.

3 Die Holzspieße igelartig auf eine Grapefruit stecken.

Tomatenkörbchen, mit Reis-Erbsen-Salat gefüllt
(6 Stück)

Zubereitungszeit: 35 Minuten

6 mittelgroße Tomaten

Für die Füllung:
50 g gekochter Langkornreis
75 g aufgetaute, kurz blanchierte TK-Erbsen
50 g gekochter Schinken, in Würfel geschnitten
1 EL gehackte Walnusskerne
2 EL Salatmayonnaise
Salz
frisch gemahlener Pfeffer

evtl. einige Petersilienblättchen

1 Für die Tomatenkörbchen Tomaten waschen, trockentupfen, entstielen und in Körbchen-Form schneiden. Die Tomaten vorsichtig mit einem Kugelausstecher oder einem kleinen Teelöffel aushöhlen.

2 Für die Füllung Reis mit Erbsen, Schinkenwürfeln, Walnusskernen und Mayonnaise verrühren, mit Salz und Pfeffer würzen.

3 Die Tomatenkörbchen mit dem Reis-Erbsen-Salat füllen. Nach Belieben mit Petersilienblättchen garnieren.

Tipp: *Von den Tomaten die oberen Kappen abschneiden, das Fruchtfleisch aushöhlen. Tomaten mit dem Salat füllen. Gekochte Eierscheiben und Tomatendeckel darauf legen, mit Petersilie garnieren. Das ausgehöhlte Tomatenfleisch für eine Tomatensuppe oder -sauce weiter verwenden.*

(Fortsetzung Seite 58)

Revival-Platte

(Fortsetzung – Foto Seite 57)

Obst-Käsespieße

Zubereitungszeit: 10 Minuten

250 g Käse, z. B. Gouda oder deutscher Edamer
Obststücke, z. B. Ananas, Weintrauben, Kirschen
einige Walnusskernhälften

1 Für die Käsespieße Käse in mundgerechte Würfel schneiden.

2 Jeweils einen Käsewürfel mit einem Stück gewaschenem Obst oder einer Walnusskernhälfte mit einem Holzstäbchen feststecken.

Tipp: *Es kann auch konserviertes Obst, z. B. Mandarinen verwendet werden.*

Pumpernickelecken oder -schnitten

Zubereitungszeit: 10 Minuten, ohne Durchziehzeit

4 Pumpernickelscheiben (je etwa 40 g)
etwa 30 g Butter
3 Käsescheiben, z. B. Edamer

1 Die Pumpernickelscheiben mit Butter bestreichen. Drei Pumpernickelscheiben mit dem Käse belegen (der Käse muss exakt mit dem Brot abschließen).

2 Die belegten Pumpernickelscheiben aufeinander legen, mit der vierten Pumpernickelscheibe bedecken. Die geschichteten Scheiben einige Zeit gut beschweren (z. B. ein Schneidebrett darauf legen und mit Konserven beschweren).

3 Die Pumpernickelscheiben mit einem scharfen Messer in Vier-, Drei- oder Rechtecke schneiden.

Revival-Platte

(Fortsetzung – Foto Seite 57)

Eier-Igel
(12 Stück)

Zubereitungszeit: 15 Minuten

6 hart gekochte Eier
6 Salamischeiben (ø 5–6 cm)
dünne Salzstangen
Tomatenmark (aus der Tube)

1 Eier pellen und längs halbieren. Die Eierhälften mit den Schnittflächen nach unten auf eine Platte legen.

2 Jede Salamischeibe zur Hälfte einschneiden, zu einer Spitztüte formen und diese als Schnauze um das spitze Ende einer Eihälfte legen.

3 Salzstangen in 2–3 cm lange Stücke brechen und in die gewölbte Eiseite stecken, dabei etwa ein Drittel der spitzen Eiseite für das Igelgesicht aussparen.

4 Mit dem Tomatenmark 2 Augen auftupfen.

Fliegenpilz
(4 Stück)

Zubereitungszeit: 15 Minuten

4 hart gekochte Eier
4 Tomaten
etwas Kresse

1 Für die Fliegenpilze Eier pellen, an der unteren Seite eine Kuppe abschneiden, damit die Eier gut stehen können.

2 Tomaten waschen und trockentupfen. Von den Tomaten einen Deckel abschneiden, die Tomaten mit einem Kugelausstecher oder einem Teelöffel aushöhlen und je einen Tomatendeckel auf ein Ei setzen.

3 Die verbliebenen Eiweißkuppen in kleine Würfel schneiden und auf die Tomatendeckel legen.

4 Kresse abspülen, trockentupfen, abschneiden. Die Fliegenpilze auf ein Bett aus Kresse setzen.

Tipp: *Nach Belieben mit Mayonnaise aus der Tube kleine Tupfen auf die Tomatendeckel spritzen.*

Bayerischer Abend

Bayerischer Wurstsalat

Zubereitungszeit: 20 Minuten, ohne Durchziehzeit

500 g Fleischwurst
200 g Gewürzgurken
2 große Zwiebeln
6 EL Wasser
2 EL Essig
4 EL Sonnenblumenöl
Salz
frisch gemahlener schwarzer Pfeffer

1 Für den Bayerischen Wurstsalat die Haut von der Fleischwurst abziehen, die Fleischwurst in dünne Scheiben schneiden, Gewürzgurken ebenfalls in Scheiben schneiden und beides in eine Schüssel geben.

2 Zwiebeln abziehen, in dünne Scheiben schneiden, mit Wasser, Essig und Sonnenblumenöl kurz aufkochen. Mit Salz und Pfeffer würzen.

3 Die Zwiebelscheiben mit den Fleischwurst- und Gurkenscheiben vermischen, durchziehen lassen. Evtl. nochmals mit Salz und Pfeffer abschmecken.

Obatzta

Zubereitungszeit: 25 Minuten

150 g weiche Butter
500 g reifer Camembert
2 mittelgroße Zwiebeln
Salz
frisch gemahlener weißer Pfeffer
½ TL gemahlener Kümmel
½ TL Paprikapulver edelsüß
75 ml Bier
einige vorbereitete Salatblätter

1 Butter geschmeidig rühren. Vom Camembert evtl. die weiße Rinde entfernen, Camembert mit einer Gabel zerdrücken und mit der Butter verrühren.

2 Zwiebeln abziehen und fein hacken, mit Salz, Pfeffer, Kümmel und Paprika in die Butter-Käse-Masse rühren, Bier unterrühren. Nochmals mit den Gewürzen abschmecken.

3 Den Obatzten auf den Salatblättern anrichten.

(Fortsetzung Seite 62)

Bayerischer Abend

(Fortsetzung – Foto Seite 61)

Bayerische Leberwurst

Zubereitungszeit: 5 Minuten

200 g feste bayerische Leberwurst
glatte Petersilie

1 Leberwurst in gut ½ cm dicke Scheiben schneiden und auf der Platte anrichten. Petersilie abspülen und trockentupfen. Die Leberwurstscheiben damit garnieren.

Tipp: *Sollten Sie keine bayerische Leberwurst bekommen, können Sie 200 g Sülze verwenden.*

Radispirale

Zubereitungszeit: 10 Minuten

1 großer Rettich (Radi)
Salz

1 Für die Radispirale vom Rettich Wurzelenden und Spitzen abschneiden, Rettich waschen, abtropfen lassen, schälen, mit einem scharfen Messer schräg in dünne Scheiben schneiden, so dass der Rettich unten noch zusammengehalten wird.

2 Den Rettich umdrehen und noch einmal einschneiden. Die Scheiben vorsichtig von beiden Seiten salzen und etwas auseinander ziehen. Der Rettich verliert Wasser und wird dadurch mild und weich.

Tipp: *Mit einem Spiralenschneider geht das Schneiden leichter.*

Eingelegter Romadur

Zubereitungszeit: 15 Minuten, ohne Marinierzeit

3 Romadur-Käse (je 150 g)
3 TL Kümmelkörner
3–4 EL Essig
6 EL Speiseöl
frisch gemahlener Pfeffer
einige gewaschene Salatblätter

1 Käse in etwa ½ cm dicke Scheiben schneiden. Kümmel darauf streuen.

2 Essig mit Speiseöl und Pfeffer verrühren. Käsescheiben damit marinieren und kalt gestellt 6–8 Stunden oder über Nacht durchziehen lassen.

3 Die Käsescheiben auf Salatblättern anrichten.

Bayerischer Abend

(Fortsetzung – Foto Seite 61)

1 Bratenaufschnitt dachziegelartig auf der Platte anrichten. Gewürzgurken in feine Scheiben schneiden. Die Bratenscheiben damit garnieren.

Tipp: *Nach Belieben den Schweinebratenaufschnitt mit süßem Senf bestreichen oder extra servieren. Die bayerische Platte mit reichlich Zwiebelringen, Radieschen und eingelegten Gurken garnieren. Laugenbrezeln dazureichen.*

Schweinebratenaufschnitt

Zubereitungszeit: 10 Minuten

400 g Schweinebratenaufschnitt
5 Gewürzgurken

Raffiniert

Internationale Käseplatte

(Foto Seite 65)

1 Für die gefüllten Sesamringe Sesamringe waagerecht halbieren und mit etwas Olivenöl beträufeln.

2 Schafkäse mit einer Gabel zerdrücken. Oliven, Tomaten und eingelegtes Gemüse in kleine Würfel schneiden, mit Mascarpone und Sahne verrühren. Die unteren Sesamringhälften mit der Käse-Gemüse-Creme bestreichen, die oberen Sesamringhälften darauf legen und leicht andrücken.

Gefüllte Sesamringe

Zubereitungszeit: 30 Minuten

4 Sesamringe (ø etwa 14 cm)
8 EL Olivenöl
500 g Schafkäse
10 schwarze Oliven
einige getrocknete, eingelegte Tomaten
300 g in Öl eingelegtes Gemüse,
z. B. Zwiebeln, Knoblauch, Artischocken
200 g Mascarpone
(italienischer Frischkäse)
6 EL Schlagsahne

(Fortsetzung Seite 64)

Internationale Käseplatte
(Fortsetzung)

Minikäsebällchen
(12 Stück)

Zubereitungszeit: 10 Minuten

12 kleine Minikäsetörtchen,
z. B. Mini-Babybel
italienische Senffrüchte
(erhältlich in Feinkostläden)

evtl. einige kandierte Früchte

1 Für die Minikäsebällchen Minikäsetörtchen von der Rinde befreien.

2 Die Käsetörtchen mit Senffrüchten belegen und nach Belieben mit kandierten Früchten garnieren.

Mozzarellaspieße
(24 Stück)

Zubereitungszeit: 25 Minuten

24 Mini-Mozzarellakugeln
24 Cocktailtomaten
24 Basilikumblättchen
6 TL Pesto

1 Für die Mozzarellaspieße Mozzarella abtropfen lassen. Tomaten waschen, trockentupfen, entstielen und halbieren. Basilikumblättchen abspülen, trockentupfen.

2 Mozzarellakugeln, Tomatenhälften und Basilikumblättchen abwechselnd auf Holzspießchen stecken. Pesto darauf verteilen. Mozzarellaspieße auf die Platte legen.

Ziegenfrischkäsekugeln
(24 Stück)

Zubereitungszeit: 25 Minuten

300 g Ziegenfrischkäse
Salz, Pfeffer
½ TL Tabascosauce
2 EL gehackte Kräuter, z. B. Petersilie,
Majoran
blaue und grüne Weintrauben
einige vorbereitete Endivienblätter
geröstete Pinienkerne

1 Für die Ziegenfrischkäsekugeln Ziegenfrischkäse mit Salz, Pfeffer, Tabascosauce und Kräutern verrühren. Aus der Masse kleine Kugeln formen, etwas flach drücken. Weintrauben waschen, trockentupfen, kreuzweise etwa 1 cm tief einschneiden. Endivienblätter waschen und trockentupfen.

2 Weintrauben und Frischkäsekugeln mit Holzspießen auf Endivienblättern feststecken. Mit Pinienkernen bestreuen und auf der Platte anrichten.

Teenie-Party

Geflügelwurst-Burger
(20 Stück)

Zubereitungszeit: 25 Minuten

etwa 400 g Geflügelwurstaufschnitt mit Kräutern, etwa 3 mm dick geschnitten
1 große reife Avocado
etwas Zitronensaft
6 Kumquats
evtl. einige Kräuter, z. B. Petersilie

1 Für die Geflügelwurst-Burger Geflügelwurstscheiben in 20 runde Scheiben (Ø etwa 5 cm) ausstechen, Reste in sehr kleine Würfel schneiden.

2 Avocado halbieren, den Stein herauslösen. Avocado schälen und das Fruchtfleisch in Spalten schneiden, mit einer Gabel zerdrücken, mit etwas Zitronensaft beträufeln. Avocado mit den Wurstwürfeln vermengen. Die Avocado-Geflügel-Mischung auf den Geflügelwurstscheiben verteilen.

3 Kumquats waschen, abtrocknen und in Scheiben schneiden. Zuerst die Kumquatscheiben, dann die restlichen Geflügelwurstscheiben auf die Avocado-Geflügel-Mischung legen und so zu Burgern schichten. Nach Belieben mit Kumquatscheiben und Kräutern garnieren.

Club-Sandwiches
(20 Stück)

Zubereitungszeit: 35 Minuten

¼ Eisbergsalat
300 g Eiersalat (aus dem Kühlregal)
10 Scheiben Sandwichtoastbrot
10 Scheiben Putenbrustaufschnitt
10 Scheiben Bacon (Frühstücksspeck)
3 kleine Tomaten

1 Für die Club-Sandwiches Eisbergsalat waschen, trockentupfen und in feine Streifen schneiden. Eiersalat mit Eisbergsalat mischen und auf die Toastbrotscheiben streichen.

2 Auf 5 Toastbrotscheiben jeweils 2 Scheiben Putenbrustaufschnitt legen, die restlichen Toastbrotscheiben mit der bestrichenen Seite auf den Aufschnitt legen und etwas andrücken. Die Sandwiches zweimal diagonal durchschneiden, so dass jeweils 4 Dreiecke entstehen.

3 Bacon in einer Pfanne braten, die Scheiben halbieren und auf die Sandwiches legen.

4 Tomaten waschen, trockentupfen, vierteln, Stängelansätze herausschneiden. Die Sandwiches mit den Tomatenvierteln garnieren.

(Fortsetzung Seite 68)

Teenie-Party
(Fortsetzung – Foto Seite 67)

(Fortsetzung – Foto Seite 67)

Tex-Mex-Happen
(20 Stück)

Zubereitungszeit: 40 Minuten, ohne Abkühlzeit

500 g Gehacktes (halb Rind-, halb Schweinefleisch)
2 Eier
6 EL Mexikosauce (Fertigprodukt)
3 EL Semmelbrösel
Salz
frisch gemahlener Pfeffer
2 EL gehackte Petersilie
4 EL in kleine Würfel geschnittene rote Paprikaschote
5 längliche Kartoffeln (je etwa 125 g)
125 ml (⅛ l) Gemüsebrühe

Zum Garnieren:
etwas Mexikosauce
einige Tortilla-Chips

1 Für die Tex-Mex-Happen Gehacktes mit Eiern, Sauce und Semmelbröseln gut vermengen, mit Salz und Pfeffer würzen. Petersilie und Paprikawürfel unterrühren. Gehacktesmasse mit angefeuchteten Händen zu 20 Talern formen.

2 Kartoffeln waschen, schälen, abspülen und in 20 etwa 1 cm dicke Scheiben schneiden. Die Hackfleischtaler auf die Kartoffelscheiben legen und mit Holzspießchen zusammenstecken.

3 Gemüsebrühe in einem großen, flachen Topf erhitzen, die Hackfleischtaler hineingeben und zugedeckt bei schwacher Hitze etwa 15 Minuten garen lassen.

4 Die Hackfleischtaler in dem Sud erkalten lassen, herausnehmen, auf Küchenpapier abtropfen lassen und auf einer Platte anrichten. Auf jeden Hackfleischtaler 1 Teelöffel Mexicosauce geben und mit Tortilla-Chips garnieren.

Schwarzbrottaler-Platte

(Foto Seite 71)

Schwarzbrothäppchen

Zubereitungszeit: 20 Minuten, ohne Kühlzeit

5 Scheiben Schwarzbrot
40 g weiche Butter
4 Scheiben Käse (in der Größe der Schwarzbrotscheiben)
Frischhaltefolie

1 Für die Schwarzbrothäppchen 4 Scheiben Schwarzbrot mit etwas Butter bestreichen und mit je 1 Scheibe Käse belegen.

2 Die belegten Schwarzbrotscheiben aufeinander legen, mit der restlichen Schwarzbrotscheibe abschließen. Gut andrücken, in Frischhaltefolie verpackt einige Stunden kalt stellen und durchziehen lassen.

3 Schwarzbrotpäckchen aus der Folie nehmen, mit einem scharfen Messer Würfel, Dreiecke oder beliebige Stücke daraus schneiden und auf einer Platte anrichten.

Schwarzbrottaler mit Goudaröllchen
(etwa 30 Stück)

Zubereitungszeit: 20 Minuten, ohne Kühlzeit

100 g Kräuter-Frischkäse (z. B. Bresso)
100 g Doppelrahm-Frischkäse
2 hart gekochte Eier
150 g Räucherlachs
etwas klein geschnittener Dill
etwas Worcestersauce
Salz
frisch gemahlenener Pfeffer
5 große Gouda-Käse-Scheiben
30 runde Scheiben Schwarzbrot
25 g weiche Butter
etwas Paprikapulver edelsüß
Schnittlauchröllchen

Alufolie

1 Für die Schwarzbrottaler beide Käsesorten miteinander verrühren. Eier pellen und in Würfel schneiden. Räucherlachs ebenfalls in Würfel schneiden, mit den Eierwürfeln und Dill verrühren. Mit Salz und Pfeffer würzen.

2 Von dem Gouda-Käse die Rinden abschneiden. Auf jede Käsescheibe etwas von der Eier-Räucherlachs-Mischung streichen und von der schmalen Seite her fest aufrollen.

3 Jeweils eine Käserolle fest in Alufolie wickeln und 1–2 Stunden kalt stellen.

4 Käserollen aus der Folie nehmen und in etwa 1 ½ cm dicke Scheiben schneiden. Die Schwarzbrotscheiben mit etwas Butter bestreichen und mit je einer Käsescheibe belegen.

5 Schwarzbrottaler mit Paprika bestreuen, mit Schnittlauchröllchen garnieren und auf einer Platte anrichten.

(Fortsetzung Seite 70)

Schwarzbrottaler-Platte
(Fortsetzung)

Schwarzbrottaler mit Tunfisch-Salat
(20 Stück)

Zubereitungszeit: 50 Minuten, ohne Duchziehzeit

1 Dose Tunfisch in Öl (Abtropfgewicht 150 g)
50 g knackig gegarte grüne Bohnen
2 Schalotten
2 Tomaten
100 g gekochte Kartoffeln in Würfel geschnitten
3 EL Olivenöl
2 EL Essig
1 TL Zucker
1 TL mittelscharfer Senf
Salz
Pfeffer
etwa 30 Schwarzbrottaler
einige Petersilienstängel
1 EL rote und grüne Paprikawürfel

1 Tunfisch abtropfen lassen und mit einer Gabel zerpflücken. Bohnen in kleine Stücke schneiden. Schalotten abziehen und fein würfeln. Tomaten waschen, abtropfen lassen, kreuzweise einschneiden, kurz in kochendes Wasser legen und in kaltem Wasser abschrecken. Tomaten enthäuten, Stängelansätze herausschneiden. Tomaten in kleine Würfel schneiden.

2 Tunfisch, Bohnenstücke und Tomatenwürfel mit den Kartoffelwürfeln mischen.

3 Olivenöl mit Essig, Zucker, Senf, Salz und Pfeffer verrühren, unter die Tunfisch-Gemüse-Mischung heben und durchziehen lassen.

4 Die Tunfisch-Gemüse-Mischung mithilfe eines kleinen Eisportionierers oder 2 Teelöffeln formen und jeweils auf die Schwarzbrottaler geben.

5 Petersilienstängel waschen und trockentupfen. Schwarzbrottaler mit Tunfisch-Salat auf einer Platte anrichten. Mit Paprikawürfeln und Petersilenstängeln garnieren.

Ciabatta-Platte mit Käse

Ciabatta mit Ajvar-Frischkäse

Zubereitungszeit: 30 Minuten

1 Ciabatta-Brot (zum Aufbacken, etwa 300 g)

100 g Doppelrahm-Frischkäse
2 EL Ajvar (jugoslawische Paprikapaste)
2 EL geriebener Parmesan-Käse
Salz
frisch gemahlener Pfeffer
gerebelter Thymian
80 g getrocknete, in Öl eingelegte Tomaten
etwa 24 Scheiben italienische Salami
einige vorbereitete Stängel Basilikum
einige entsteinte grüne Oliven

1 Ciabatta-Brot nach Packungsanleitung aufbacken, etwas abkühlen lassen. Brot waagerecht halbieren, dann in Dreiecke schneiden.

2 Frischkäse mit Ajvar und Käse verrühren, mit Salz, Pfeffer und Thymian würzen. Eingelegte Tomaten in einem Sieb abtropfen lassen und in kleine Würfel schneiden.

3 Die Ciabattadreiecke mit der Käsecreme bestreichen, Tomatenwürfel darauf verteilen, mit je 2 Scheiben Salami belegen.

4 Basilikum abspülen und trockentupfen. Oliven in Scheiben schneiden. Die belegten Ciabattadreiecke auf einer Platte anrichten, mit Olivenscheiben und Basilikumstängeln garnieren.

Ciabatta mit Mozzarella und Tomate

Zubereitungszeit: 30 Minuten

1 Ciabatta-Brot (zum Aufbacken, etwa 300 g)
125 g Mozzarella-Käse
3 mittelgroße Tomaten
1 kleines Glas Basilikumpaste
grob gemahlener schwarzer Pfeffer

1 Ciabatta-Brot nach Packungsanleitung aufbacken, etwas abkühlen lassen. Brot waagerecht halbieren, dann in Dreiecke schneiden.

2 Mozzarella-Käse in einem Sieb abtropfen lassen und in dünne Scheiben schneiden.

3 Tomaten waschen, abtrocknen, halbieren, die Stängelansätze entfernen. Tomatenhälften in dünne Scheiben schneiden.

4 Die Ciabattadreiecke mit Basilikumpaste bestreichen. Mozzarella- und Tomatenscheiben abwechselnd dachziegelartig darauf legen. Mit Pfeffer bestreuen und auf einer Platte anrichten.

Ciabatta-Platte mit Schinken und Wurst

Ciabatta mit Parmaschinken

Zubereitungszeit: 25 Minuten, ohne Durchziehzeit

1 Ciabatta-Brot (zum Aufbacken, etwa 300 g)

125 g Rucola (Rauke), 1 rote Zwiebel
2 EL Kräuteressig, 3 EL Olivenöl
2 EL Orangensaft
Salz, frisch gemahlener Pfeffer
etwa 24 Scheiben Parmaschinken
einige dünne Melonenscheiben (z. B. Honigmelone)

1 Ciabatta-Brot nach Packungsanleitung aufbacken, etwas abkühlen lassen. Brot waagerecht halbieren, dann in Dreiecke schneiden.

2 Rucola waschen, trockentupfen und in große Stücke schneiden. Zwiebel abziehen und in feine Würfel schneiden, mit Essig, Olivenöl und Orangensaft verrühren. Mit Salz und Pfeffer würzen. Rucola unterheben, etwas durchziehen lassen.

3 Die Ciabattadreiecke mit etwas Rucola belegen, je 2 Scheiben Parmaschinken und eine dünne Melonenscheibe darauf legen, mit Pfeffer bestreuen. Auf einer Platte anrichten.

Ciabatta mit Mortadella und Ricottacreme

Zubereitungszeit: 25 Minuten

1 Ciabatta-Brot (zum Aufbacken, etwa 300 g)

Für die Ricottacreme:
3 Tomaten, 3 Frühlingszwiebeln
10 entsteinte Oliven
50 g geriebener Parmesan-Käse
200 g Ricotta-Käse
Salz, Pfeffer
Thymian
12 große Scheiben Mortadellawurst
getrocknete Thymianzweige

1 Ciabatta-Brot nach Packungsanleitung aufbacken, etwas abkühlen lassen. Brot waagerecht halbieren, dann in Dreiecke schneiden.

2 Für die Ricottacreme Tomaten waschen, abtropfen lassen, kreuzweise einschneiden, kurz in kochendes Wasser legen, in kaltem Wasser abschrecken. Tomaten enthäuten, die Stängelansätze herausschneiden. Tomaten in kleine Würfel schneiden. Frühlingszwiebeln putzen, waschen, abtropfen lassen und in Ringe schneiden. Oliven in kleine Stücke schneiden. Tomatenwürfel, Zwiebelringe, Olivenstücke und Parmesan-Käse mit Ricotta verrühren, mit Salz, Pfeffer und Thymian würzen.

3 Die Ciabattadreiecke mit der Creme bestreichen. Je 2 Scheiben Mortadella darauf legen. Auf einer Platte anrichten und mit Thymianzweigen garnieren.

Spanische Platte
(6 Portionen)

Tapas mit Olivencreme
(12 Stück)

Zubereitungszeit: 25 Minuten

100 g schwarze Oliven
4 Sardellenfilets (oder Anchovis)
1 TL abgetropfte Kapern
Zitronensaft, 2 EL Olivenöl
Salz, Pfeffer
12 geröstete Baguettescheiben
6 halbierte Sardellenfilets
vorbereitete Römersalatblätter
2 Tomaten

1 Für die Tapas Oliven entsteinen und mit Sardellenfilets grob pürieren.

2 Das Oliven-Sardellen-Püree mit Kapern, Zitronensaft, Olivenöl, Salz und Pfeffer verrühren, abschmecken. Die Baguettescheiben mit dem Püree bestreichen. Mit Sardellenfilets und Römersalatblättern garnieren.

3 Tomaten waschen, abtropfen lassen, kreuzweise einschneiden, kurz in kochendes Wasser legen und in kaltem Wasser abschrecken. Tomaten enthäuten, die Stängelansätze herausschneiden, Tomaten in kleine Würfel schneiden. Die Baguettescheiben damit garnieren.

Eier, gefüllt mit Gemüsemus
(24 Stück)

Zubereitungszeit: 45 Minuten

Für das Brokkolimus:
150 g gekochte Brokkoliröschen
2 geh. TL Crème double
Salz, Pfeffer, geriebene Muskatnuss
6 hart gekochte Eier
12 kleine Salamischeiben
einige Brokkoliröschen

Für das Möhrenmus:
150 g gekochte Möhren
75 g Doppelrahm-Frischkäse
1 Prise Zucker, 1 TL Zitronensaft
6 hart gekochte Eier
12 halbierte Putenbrustscheiben
Möhrenkugeln

1 Für das Brokkolimus Brokkoli, Crème double, Salz, Pfeffer und Muskat in eine Schüssel geben. Eier pellen, längs halbieren, Eigelb herauslösen und zu der Brokkolimasse geben. Die Zutaten mit einem Mixstab pürieren.

2 Eiweißhälften mit Salamischeiben auslegen, die Brokkolimasse in einen Spritzbeutel mit Sterntülle füllen und in die Eierhälften spritzen. Mit Brokkoliröschen garnieren.

3 Für das Möhrenmus Möhren, Frischkäse, Salz, Pfeffer, Zucker und Zitronensaft in eine Schüssel geben. Eier pellen, längs halbieren, Eigelb herauslösen und zu der Möhrenmasse geben und mit einem Mixstab pürieren.

4 Eiweißhälften mit Putenbrustscheiben auslegen, die Möhrenmasse in einen Spritzbeutel mit Sterntülle füllen und in die Eierhälften spritzen. Mit Möhrenkugeln garnieren.

(Fortsetzung Seite 78)

Spanische Platte

(Fortsetzung – Foto Seite 77)

Spargelschnitten
(12 Stück)

Zubereitungszeit: 20 Minuten

12 Pumpernickeltaler
40 g weiche Butter
24 Gurkenscheiben
12 Scheiben Serranoschinken
400 g gekochte weiße und grüne Spargelköpfe
100 g Crème fraîche mit frischen Kräutern

1 Für die Spargelschnitten Pumpernickeltaler mit Butter bestreichen, mit je 2 Gurkenscheiben, 1 Scheibe Schinken und einigen Spargelköpfen belegen, mit Holzstäbchen feststecken.

2 Crème fraîche verrühren, die Schnitten damit garnieren.

Tipp: *Statt Serranoschinken kann auch ein anderer luftgetrockneter Schinken verwendet werden.*

Tortilla
(4 Portionen)

Zubereitungszeit: 30 Minuten, ohne Abkühlzeit

2 kleine Zwiebeln
4 EL Olivenöl
400 g rohe Kartoffeln, geschält und in dünne Scheiben geschnitten
150 g Zucchini, in Scheiben geschnitten
Salz
frisch gemahlener Pfeffer
6 Eier
4 EL Schlagsahne
2 EL Schnittlauchröllchen

1 Für die Tortillas Zwiebeln abziehen, zuerst in Scheiben, dann in Ringe teilen. Olivenöl in einer Pfanne erhitzen. Je die Hälfte der Kartoffel- und Zucchinischeiben hinzugeben, von allen Seiten in etwa 10 Minuten goldbraun braten, mit Salz und Pfeffer bestreuen.

2 Eier mit Salz, Pfeffer, Sahne und Schnittlauchröllchen verschlagen, die Hälfte davon über die Kartoffel-Zucchini-Masse geben und zugedeckt bei schwacher Hitze stocken lassen.

3 Die Tortilla vorsichtig aus der Pfanne nehmen, erkalten lassen, in kleine Tortenstücke schneiden und in Pergamentpapier einschlagen.

4 Die zweite Tortilla mit den restlichen Zutaten genauso zubereiten.

Fleischwursttaler

(Foto Seite 81)

Fleischwursttaler mit Käse und Obst
(etwa 25 Stück)

Zubereitungszeit: 30 Minuten

500 g Fleischwurst
1 gehäufter EL körniger Senf
100 g mittelalter Gouda-Käse in Scheiben
8 gut abgetropfte Aprikosenhälften (aus der Dose)
8 Weintrauben

1 Die Haut von der Fleischwurst abziehen, in etwa ½ cm dicke Scheiben schneiden, jeweils dünn mit Senf bestreichen.

2 Fleischwurstscheiben mit kleinen Käsescheiben, Aprikosenhälften und Weintrauben belegen.

Tipp: *Dazu passt ein rustikales Bauernbrot.*

Fleischwursttaler mit Senfgurke und Paprika
(etwa 25 Stück)

Zubereitungszeit: 20 Minuten

500 g Fleischwurst mit Knoblauch
1 gehäufter EL körniger Senf
100 g mittelalter Gouda-Käse in Scheiben
100 g Senfgurken
1 rote Paprikaschote

Außerdem:
Spieße

1 Die Haut von der Fleischwurst abziehen. Fleischwurst in etwa ½ cm dicke Scheiben schneiden und jeweils mit Senf bestreichen.

2 Käse ebenfalls in der Größe der Fleischwurstscheiben ausstechen und darauf legen. Senfgurken gut abtropfen lassen und in dicke Scheiben schneiden.

3 Paprika halbieren, entstielen, entkernen, die weißen Scheidewände entfernen. Schote waschen und ebenfalls in der Größe der Fleischwurstscheiben ausschneiden. Je eine Paprikascheibe und Gurkenstückchen auf eine mit Käse belegte Fleischwurstscheibe legen, mit Spießen feststecken.

Tipp: *Servieren Sie die Fleischwursttaler mit Salzgebäck.*

(Fortsetzung Seite 80)

Fleischwursttaler
(Fortsetzung)

Fleischwursttaler mit Zwiebel-Käse-Salat
(etwa 25 Stück)

Zubereitungszeit: 20 Minuten, ohne Marinierzeit

500 g Fleischwurst
1 kleine Gemüsezwiebel
2-3 EL Kräuteressig
2 gehäufte TL körniger Senf
3 TL Zucker
Salz, Pfeffer
4 EL Speiseöl
125 g mittelalter Gouda-Käse
je 1 EL Schnittlauchröllchen und Petersilie

1 Die Haut von der Fleischwurst abziehen. Fleischwurst in etwa ½ cm dicke Scheiben schneiden. Zwiebel abziehen und in Würfel schneiden.

2 Essig mit Senf, Zucker, Salz und Pfeffer verrühren. Speiseöl unterrühren. Zwiebelwürfel hinzufügen und etwa 30 Minuten darin marinieren.

3 Käse in kleine Würfel schneiden, mit der Hälfte der Kräuter und den Zwiebelwürfeln vermengen.

4 Die Zwiebel-Käse-Masse auf den Fleischwurstscheiben verteilen und mit den restlichen Kräutern garnieren.

Tipp: *Sie können die Fleischwurstscheiben auch mit einer Form ausstechen.*

Sandwichplatte mit Fleisch

Corned-Beef-Sandwich

Zubereitungszeit: 30 Minuten, ohne Kühlzeit

6 Scheiben Sandwichtoast
2 EL Salatmayonnaise
1 EL Naturjoghurt
1–2 geh. TL mittelscharfer Senf
Salz
frisch gemahlener Pfeffer
3 mittelgroße Gewürzgurken
3 vorbereitete Salatblätter
6 Scheiben Corned-Beef
Frischhaltefolie

1 Von den Sandwichscheiben die Rinden abschneiden. Mayonnaise, Joghurt und Senf verrühren, mit Salz und Pfeffer würzen. Die Sandwichscheiben damit bestreichen, 3 Sandwichscheiben mit je einem Salatblatt und einer Scheibe Corned-Beef belegen.

2 Gewürzgurken in Scheiben schneiden und auf den Corned-Beef-Scheiben verteilen.

3 Die restlichen 3 Sandwichscheiben auf die belegten Sandwichscheiben legen, fest andrücken, in Frischhaltefolie wickeln und etwa eine Stunde beschweren (z. B. mit einem Schneidbrett und Konserven). Kalt stellen.

4 Sandwiches aus der Folie nehmen und zweimal diagonal durchschneiden, so dass jeweils 4 kleine Sandwiches entstehen.

5 Sandwiches auf einer Platte anrichten. Mit 1 EL Schnittlauchröllchen und Paprikapulver garnieren.

Mango-Putenbrust-Sandwich

Zubereitungszeit: 25 Minuten, ohne Kühlzeit

6 Scheiben Sandwichtoast
1 Mango, 2 EL Mango-Chutney
Salz, frisch gemahlener Pfeffer
1 EL Zitronensaft
1 Banane
3 vorbereitete Salatblätter
150 g Putenbrustaufschnitt

1 Von den Sandwichscheiben die Rinden abschneiden. Mango halbieren, Stein entfernen. Mango schälen, etwa 100 g Mangofruchtfleisch in kleine Würfel schneiden und mit dem Mango-Chutney verrühren. Mit Salz, Pfeffer und Zitronensaft würzen. Banane schälen, fein würfeln und ebenfalls unterrühren.

2 Die Mangomasse auf die Sandwichscheiben streichen, auf 3 Sandwichscheiben je 1 Salatblatt legen.

3 Den Putenbrustaufschnitt in kleine Würfel schneiden und auf den Salatblättern verteilen. Mit je einer

(Fortsetzung Seite 84)

Sandwichplatte mit Fleisch

(Fortsetzung – Foto Seite 83)

bestrichenen Sandwichscheibe bedecken, fest andrücken und in Frischhaltefolie wickeln. Etwa 1 Stunde beschweren (z. B. mit einem Schneidebrett und Konserven), kalt stellen.

4 Sandwiches aus der Folie nehmen und zweimal diagonal durchschneiden, so dass 4 kleine Sandwiches entstehen, auf einer Platte anrichten.

Roastbeef-Sandwich

Zubereitungszeit: 25 Minuten, ohne Kühlzeit

6 Scheiben Sandwichtoast
2 hart gekochte Eier
3 mittelgroße Gewürzgurken
3 vorbereitete Salatblätter
2 geh. EL Sahnemeerrettich
6 Scheiben Roastbeef-Aufschnitt

Frischhaltefolie

1 Von den Sandwichscheiben die Rinden abschneiden. Eier pellen, in dünne Scheiben schneiden. Gewürzgurken ebenfalls in dünne Scheiben schneiden.

2 Sandwichscheiben mit Sahnemeerrettich bestreichen, 3 Sandwichscheiben jeweils mit 1 Salatblatt und 2 Scheiben Roastbeef-Aufschnitt belegen. Eier- und Gewürzgurkenscheiben darauf verteilen und mit den restlichen 3 Sandwichscheiben bedecken.

3 Sandwiches fest andrücken, in Frischhaltefolie wickeln und etwa 1 Stunde beschweren (z. B. mit einem Schneidbrett und Konserven), kalt stellen.

4 Sandwiches aus der Folie nehmen und zweimal diagonal durchschneiden, so dass jeweils 4 kleine Sandwiches entstehen, auf einer Platte anrichten.

Sandwichplatte vegetarisch

(Foto Seite 87)

Avocado-Sandwich

Zubereitungszeit: 35 Minuten, ohne Kühlzeit

6 Scheiben Sandwichtoast
30 g weiche Butter
1 reife Avocado
1 EL Zitronensaft
1 Zwiebel
100 g Doppelrahm-Frischkäse
Salz
frisch gemahlener Pfeffer
etwas Worcestersauce
2 Tomaten
einige vorbereitete Friséeblätter

Außerdem:
Frischhaltefolie

1 Von den Sandwichscheiben die Rinden abschneiden. Sandwichscheiben dünn mit Butter bestreichen.

2 Avocado halbieren, entsteinen, Fruchtfleisch aus der Schale lösen, mit einer Gabel fein zerdrücken und sofort mit Zitronensaft verrühren.

3 Zwiebel abziehen, halbieren, in feine Würfel schneiden, mit Frischkäse und Fruchtfleisch verrühren. Mit Salz, Pfeffer und Worcestersauce würzen.

4 Tomaten waschen, kreuzweise einschneiden, kurz in kochendes Wasser legen, in kaltem Wasser abschrecken. Tomaten enthäuten, vierteln, Stängelansätze entfernen, Fruchtfleisch fein würfeln.

5 Friséeblätter auf den Sandwichscheiben verteilen. Auf 3 Sandwichscheiben die Avocado-Frischkäse-Masse streichen, mit Tomatenwürfeln belegen, die 3 restlichen Sandwichscheiben darauf legen und fest andrücken, in Frischhaltefolie einwickeln. Die Sandwiches etwa 1 Stunde beschweren (z. B. mit einem Schneidebrett und Konserven), kalt stellen.

6 Sandwiches aus der Folie nehmen und zweimal diagonaldurchschneiden, so dass jeweils 4 kleine Sandwiches entstehen, auf einer Platte anrichten.

Gorgonzola-Birnen-Sandwich

Zubereitungszeit: 30 Minuten, ohne Kühlzeit

6 Scheiben Sandwichtoast
1 Dose Birnenhälften
(Abtropfgewicht 240 g)
3 EL Birnensaft

1 Von den Sandwichscheiben die Rinden abschneiden. Birnenhälften in einem Sieb abtropfen lassen, den Saft dabei auffangen. Birnenhälften in kleine Würfel schneiden. 3 Esslöffel Birnensaft mit Gorgonzola pürieren. Birnenwürfel unterheben. Mit Pfeffer und Paprika würzen.

(Fortsetzung Seite 86)

Sandwichplatte vegetarisch
(Fortsetzung)

150 g Gorgonzola-Käse
frisch gemahlener Pfeffer
einige vorbereitete Salatblätter
einige Birnenstückchen
Paprikapulver edelsüß

2 3 Sandwichscheiben mit etwas von der Gorgonzola-Birnen-Creme bestreichen, Salatblätter darauf verteilen und die restliche Creme darauf verteilen. Mit den 3 restlichen Sandwichscheiben belegen, fest andrücken, in Frischhaltefolie wickeln und etwa 1 Stunde beschweren (z. B. mit einem Schneidebrett und Konserven), kalt stellen.

3 Sandwiches aus der Folie nehmen und zweimal diagonal durchschneiden, so dass jeweils 4 kleine Sandwiches entstehen.

4 Sandwiches mit Birnenstückchen belegen und mit Paprika bestreuen, auf einer Platte anrichten.

Ricotta-Rucola-Sandwich

Zubereitungszeit: 25 Minuten, ohne Kühlzeit

6 Scheiben Sandwichtoast
125 g Rucola (Rauke)
125 g Ricotta oder Frischkäse
3 Cocktailtomaten
Salz
frisch gemahlener Pfeffer

1 Von den Sandwichtoastscheiben die Rinden abschneiden. Rucola verlesen, dicke Stängel abschneiden, Rucola waschen, trockentupfen. Die Hälfte von dem Rucola mit Ricotta pürieren, mit Salz und Pfeffer würzen. Cocktailtomaten waschen, trockentupfen, in Scheiben schneiden.

2 Die Sandwichscheiben mit der Ricotta-Rucola-Creme bestreichen, 3 Sandwichscheiben mit den restlichen Rucolablättern und Tomatenscheiben belegen. Die restlichen Sandwichscheiben darauf legen, fest andrücken, in Frischhaltefolie wickeln und etwa 1 Stunde beschweren (z. B. mit einem Schneidebrett und Konserven), kalt stellen.

3 Sandwiches aus der Folie nehmen und jeweils zweimal diagonal durchschneiden, so dass 4 kleine Sandwiches entstehen und auf einer Platte anrichten.

Sandwichplatte mit Fisch

Lachs-Frischkäse-Sandwich

Zubereitungszeit: 35 Minuten, ohne Kühlzeit

6 Scheiben Sandwichtoast
100 g Doppelrahm-Frischkäse
2 TL Meerrettich (aus dem Glas oder aus der Tube)
2–3 EL Sahne oder Milch
Salz, Pfeffer
150 g Räucherlachs, 3 Eier
3 EL Mineralwasser
10 g Butter, Kresse

1 Von den Sandwichscheiben die Rinden abschneiden. Frischkäse mit Meerrettich, Sahne oder Milch verrühren. Mit Salz und Pfeffer würzen. Lachs in kleine Würfel schneiden und unterrühren. Eier mit Wasser verschlagen, mit Salz und Pfeffer würzen. Butter in einer Pfanne zerlassen. Verschlagene Eier hineingeben und Rührei zubereiten, erkalten lassen.

2 Lachs-Frischkäse-Masse auf 6 Sandwichscheiben streichen, Kresse darauf verteilen. 3 Scheiben mit Rührei belegen und mit den 3 restlichen Scheiben bedecken, festdrücken.

3 Anschließend in Frischhaltefolie wickeln, etwa 1 Stunde beschweren (z. B. mit einem Schneidebrett und Konserven), kalt stellen. Sandwich aus der Folie nehmen, zweimal diagonal durchschneiden, so dass 4 kleine Sandwiches entstehen, auf einer Platte anrichten. Nach Belieben mit Kresse bestreuen.

Tunfisch-Zwiebel-Sandwich

Zubereitungszeit: 25 Minuten, ohne Kühlzeit

6 Scheiben Sandwichtoast
1 geh. EL Salat-Mayonnaise
½ TL Meerrettich, Salz, Pfeffer
1 Dose Tunfisch in Öl (Abtropfgewicht 150 g)
1 kleine rote Zwiebel
3 vorbereitete Salatblätter
1 abgezogene, in Würfel geschnittene Tomate

Tomatenwürfel, Basilikumstängel, Schnittlauchröllchen

1 Von den Sandwichscheiben die Rinden abschneiden. Mayonnaise mit Meerrettich verrühren. Mit Salz und Pfeffer würzen.

2 Tunfisch abtropfen lassen, mit einer Gabel zerpflücken. Zwiebel abziehen, eine Hälfte in Scheiben, die andere Hälfte in Würfel schneiden.

3 6 Sandwichscheiben mit Meerrettich-Mayonnaise bestreichen. 3 Scheiben mit je einem Salatblatt belegen. Zwiebel-, Tomatenwürfel und Tunfisch darauf verteilen, mit den restlichen Scheiben bedecken, festdrücken und wie ab Punkt 3 (Lachs-Frischkäse-Sandwich) beschrieben weiter zubereiten. Nach Belieben mit Zwiebelringen, Tomatenwürfeln, Basilikumstängeln und Schnittlauchröllchen garnieren.

Amerikanische Platte
(6 Portionen)

Guacamole
(3–4 Portionen)

Zubereitungszeit: 20 Minuten

1–2 Avocados (300–400 g)
2 EL Limettensaft
1 mittelgroße Fleischtomate
1 EL in Würfel geschnittene rote Zwiebel
1 EL gehackter Koriander
etwas Chilipulver
Salz
einige Eisbergsalatblätter
1 TL Essig
1 Prise Zucker
frisch gemahlener Pfeffer
etwas Speiseöl
6 Tacoschalen

1 Avocados halbieren, entsteinen, Fruchtfleisch aus der Schale lösen und mit Limettensaft pürieren. Tomate waschen, abtropfen lassen, kreuzweise einschneiden, kurz in kochendes Wasser legen und in kaltem Wasser abschrecken. Tomate enthäuten, Stängelansatz herausschneiden. Tomate in Würfel schneiden.

2 Tomaten-, Zwiebelwürfel und Koriander zum Avocadopüree geben, unterrühren, mit Chili und Salz abschmecken.

3 Salatblätter waschen, trockentupfen und in feine Streifen schneiden. Essig mit Zucker, Salz und Pfeffer verrühren, Speiseöl unterrühren, Salatstreifen unterheben .

4 Tacoschalen vierteln, den Salat und die Guacamole-Creme darauf verteilen, sofort servieren (die Guacamole wird sonst nach längerem Stehen braun und die Tacos weich).

Tipp: *Die Guacamole kann auch als Dip zu Tortilla-Chips oder rohem Gemüse gereicht werden.*

Bagels mit Kichererbsenmus
(12 Stück)

Zubereitungszeit: 30 Minuten, ohne Abkühlzeit

Für die Bagels:
1 Pck. Sonntagsbrötchen (aus dem Kühlregal)
etwas Kondensmilch
2 EL Sesamsamen
1 TL grobes Meersalz

1 Für die Bagels den Brötchenteig aus der Packung nehmen, jedes Teigstück mit einem scharfen Messer in 3 Teile schneiden, so dass 12 Scheiben entstehen.

2 Die Teigscheiben auf ein Backblech (mit Backpapier belegt) legen. Mit einer runden Ausstechform in der Mitte etwa 1 cm große Kreise ausstechen.

3 Teigstücke mit Kondensmilch bestreichen, mit Sesam oder Hagelsalz oder auch mit beiden Zutaten bestreuen. Das Backblech in den Backofen schieben.

(Fortsetzung Seite 92)

Amerikanische Platte
(Fortsetzung)

Für das Kichererbsenmus:
½ Dose Kichererbsen
(Abtropfgewicht 220 g)
100 ml Gemüsesaft
3 EL Sesamöl
1 EL American Mustard (oder anderer milder, süßlicher Senf)
abgeriebene Schale von 1 Zitrone (unbehandelt)
1 Knoblauchzehe
40 g abgetropfte Kapern
1 EL Zitronensaft
Salz
Cayennepfeffer

Ober-/Unterhitze: etwa 200 °C (vorgeheizt)
Heißluft: etwa 180 °C (vorgeheizt)
Gas: Stufe 3–4 (vorgeheizt)
Backzeit: etwa 10 Minuten.

4 Die Bagels vom Backblech nehmen, auf einem Kuchenrost erkalten lassen.

5 Für das Kichererbsenmus Kichererbsen in einem Sieb gut abtropfen lassen, den Gemüsesaft dabei auffangen. Kichererbsen mit 100 ml Gemüsesaft (evtl. mit Wasser auffüllen) pürieren. Sesamöl, Senf und Zitronenschale unterrühren. Knoblauch abziehen und durch eine Knoblauchpresse drücken. Kapern halbieren. Knoblauch und Kapernhälften zum Gemüsemus geben. Mit Zitronensaft, Salz und Cayennepfeffer abschmecken. Das Kichererbsenmus auf den Bagels verteilen oder dazureichen.

Bohnenpüree auf Baconpfannkuchen
(12 Stück)

Zubereitungszeit: 30 Minuten

150 g Bacon (Frühstücksspeck)
2 Eier, 1 EL gehackte Petersilie

Für das Bohnenpüree:
½ Dose Kidneybohnen
(Abtropfgewicht 125 g)
2 EL Tomatenketchup
1 kleine rote Zwiebel
1 EL frischer gehackter Oregano
Salz, frisch gemahlener Pfeffer

1 Bacon in dünne Streifen schneiden, in einer beschichteten Pfanne (Ø etwa 18 cm) glasig braten.

2 Eier verschlagen, Petersilie unterrühren und über die Speckstreifen gießen. Die Eiermasse zugedeckt von beiden Seiten bei schwacher Hitze zu einem Pfannkuchen ausbacken.

3 Den Pfannkuchen vorsichtig aus der Pfanne heben, erkalten lassen und in 12 Tortenstücke schneiden.

4 Für das Bohnenpüree Bohnen mit der Bohnenflüssigkeit und Ketchup pürieren. Zwiebel abziehen und fein würfeln. Zwiebeln und Oregano unterrühren, mit Salz und Pfeffer abschmecken. Bohnenpüree auf den Pfannkuchenstücken verteilen.

Amerikanische Platte
(Fortsetzung)

5 Zum Garnieren Tomate waschen, abtropfen lassen, kreuzweise einschneiden, kurz in kochendes Wasser legen, in kaltem Wasser abschrecken. Tomate enthäuten, Stängelansatz herausschneiden. Tomate in Würfel schneiden. Mit Oregano und Tomatenwürfeln garnieren.

Tipp: *Das Bohnenpüree kann auch als Dip zu Tortilla-Chips gereicht werden, dann zusätzlich mit Salz und Pfeffer abschmecken.*

Zum Garnieren:
etwas Oregano
1 Tomate

Kürbispasteten
(20–24 Stück)

Zubereitungszeit: 30 Minuten, ohne Abkühlzeit

250 g Kürbisfleisch
1 Frühlingszwiebel
100 ml Schlagsahne
Salz
frisch gemahlener Pfeffer
frisch geriebene Muskatnuss
2 rote Chilischoten
nach Belieben einige Salatblätter, z. B. Lollo rosso, Lollo blanco oder Feldsalat
20–24 Blätterteigpasten oder Croustades (ø 3 ½ cm)

1 Kürbisfleisch in kleine Würfel schneiden. Frühlingszwiebel putzen, waschen, abtropfen lassen und in Ringe schneiden.

2 Sahne in einem Topf zum Kochen bringen, Kürbiswürfel und Frühlingszwiebelringe hinzufügen und etwa 3 Minuten bei schwacher Hitze dünsten.

3 Gemüsemasse pürieren, mit Salz, Pfeffer und Muskat abschmecken, erkalten lassen.

4 Chilischoten abspülen, abtrocknen, entstielen, längs halbieren, entkernen und in sehr kleine Würfel schneiden. Chiliwürfel unter das Gemüsemus rühren.

5 Salatblätter waschen, trockentupfen, in mundgerechte Stücke zupfen. Salatblätter in Pasteten oder Croustades verteilen.

6 Das Kürbismus in einen Spritzbeutel mit Lochtülle füllen und in die Pasteten oder Croustades spritzen.

Tipp: *Kürbismus schmeckt auch als Dip zu Chips oder kaltem Bratenaufschnitt. Es kann auch sehr gut eingefroren werden.*

Alphabetisches Register

In dieser Reihe sind bisher außerdem erschienen:
Gefüllte Gemüse, Spargel und Hackfleisch.
Sie erhalten diese Bücher im Buchhandel.

Umwelthinweis	Dieses Buch und der Einband wurden auf chlorfrei gebleichtem Papier gedruckt. Die Einschrumpffolie – zum Schutz vor Verschmutzung – ist aus umweltfreundlichem und recyclingfähigem PE-Material.

Wenn Sie Anregungen, Vorschläge oder Fragen zu unseren Büchern haben, rufen Sie uns unter folgender Nummer an 0521 155-2580 oder 520650 oder schreiben Sie uns: Dr. Oetker Verlag KG, Am Bach 11, 33602 Bielefeld.

Redaktion	Carola Reich, Annette Riesenberg, Andrea Gloß
Titelfoto	Thomas Diercks, Hamburg
Innenfotos	Ulli Hartmann, Bielefeld (S. 7, 15, 17, 23, 29, 31, 49, 71, 73, 75, 81, 83, 87, 89) Brigitte Wegner, Bielefeld (S. 9, 13, 19, 25, 33, 35, 37, 41, 45, 51, 55, 57, 61, 65, 67, 77, 91) Hans-Joachim Schmidt, Hamburg (S. 35) Thomas Diercks, Hamburg (S. 5)
Rezeptentwicklung und -beratung	Gerhard Ruhle, Hamburg Mechthild Plogmaker, Dr. Oetker Versuchsküche
Nährwertberechnungen	Nutri Service, Hennef
Grafisches Konzept	Kontur Design, Bielefeld
Gestaltung	Kontur Design, Bielefeld
Titelgestaltung	Kontur Design, Bielefeld
Reproduktionen	MOHN Media • Mohndruck GmbH, Gütersloh
Satz	Typografika, Bielefeld
Druck und Bindung	MOHN Media • Mohndruck GmbH, Gütersloh

ISBN 3–7670–0733-9